U0937570

*Wanfeng Xixi Mu Changqing*

# 晚風目目 木長青

——余晖荡漾话晚年

葛原隆　吴莹瑛 / 编著

叶高芳　苏文安　黄胜雄　陈金兴　倾心推荐

四川大学出版社

责任编辑:张　晶
责任校对:敬铃凌
封面设计:阮禾莹
封面制作:阿　林
责任印制:王　炜

**图书在版编目(CIP)数据**

晚风习习木长春：余晖荡漾话晚年 / 葛原隆，吴莹瑛编著. —成都：四川大学出版社，2015.7
（幸福晚年系列）
ISBN 978－7－5614－8864－5

Ⅰ.①晚…　Ⅱ.①葛…　②吴…　Ⅲ.①老年人－生活－通俗读物　Ⅳ.①Z228.3

中国版本图书馆 CIP 数据核字（2015）第 181464 号

简体中文版权授权深圳市爱及特文化发展有限公司

四川省版权局著作权合同登记图进字 21－2015－190 号

书名　**晚风习习木长青——余晖荡漾话晚年**
**Wanfeng Xixi Mu Changqing—Yuhui Dangyang Hua Wannian**

编　　著　葛原隆　吴莹瑛
出　　版　四川大学出版社
地　　址　成都市一环路南一段 24 号 (610065)
发　　行　四川大学出版社
书　　号　ISBN 978－7－5614－8864－5
印　　刷　四川盛图彩色印刷有限公司
成品尺寸　170 mm×230 mm
印　　张　17
字　　数　155 千字
版　　次　2015 年 9 月第 1 版
印　　次　2015 年 9 月第 1 次印刷
定　　价　45.00 元

◆读者邮购本书,请与本社发行科联系。
电话:(028)85408408/(028)85401670/
(028)85408023　邮政编码:610065
◆本社图书如有印装质量问题,请
寄回出版社调换。
◆网址:http://www.scup.cn

________________惠阅：

无论您在人生的哪一级台阶

在旅途中的哪一个小站

愿这本书能帮助您

创造更美好的人生

迸发出生命的火花

________________敬赠 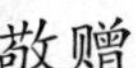

# 献词

谨以此书

**纪念原隆先父葛东寿先生及先母葛石玉女女士**

先父献身杏坛二十载，桃李成千，然英年猝逝。

先母时年三十四，含悲抚孤，备尝艰辛，

终将一男六女养育成人，就急于上天找老伴长相左右。

是你们，

以爱心滋润我们的生命，以毅力抚养我们成长、茁壮。

但却无缘享受儿孙绕膝的美好时光。

**纪念莹瑛先父吴震春医师，献给慈母吴汪婉华医师**

先父终生献身于医疗传道。

是您，

以基督的爱浇灌我们的心灵，

以身教指引我们人生的道路，

让我们能跟随您美好的足迹。

慈母为子女弃医持家，

却在即将含饴弄孙之际罹患阿尔茨海默病。
上帝为您挪去身体上的痛楚，洗去心灵上的忧伤，
也留给您起初上帝美好的创造与真我。

**献给我们的孩子泓熙、诗婷**

是你们，
成就我们为人父为人母，
使我们对炙热的亲情有更深一层的体验。

**感谢真爱团队、真爱长辈事工的同工及参与者**

你们的鼓励、提携和参与，
使我们在人生的金色年华，再次迸发出生命的火花。

# 序一

## 瞻望金色年华，全程全人关怀

叶高芳[1]

学者预估，2050年全世界老年人口将超过未成年人口，是时，台湾四分之一的人口将是老年人。因平均寿命明显增加，金色年华将成为人生周期中最长的阶段。长辈们：不可叫人小看你的年长，“夕阳无限好，只是近黄昏”，好好活着。儿孙们：家有一老如有一宝，亲情无可比，只是近终了，好好珍惜。

葛原隆医师的专业是妇产科，多年来接生和照顾过的婴儿无以计数，退休后积极投入长辈关怀事工，陪伴、照顾老人并扶持照护者，可算是一生致力“生老病苦死”生命周期的全程关怀者。

本书编著者葛原隆医师和吴莹瑛女士多年来热心又尽力地负责真爱家庭协会“长辈事工”。本书整合了他们退休生活的实践心得、关怀长辈的新知教导和扶持照顾长辈者的经验。其他几位真爱作者意味深长的专题和深情感人的故事丰富了本书的内容，增加了可读性，难怪初版不到一年即再版。

1. 叶高芳博士为国际真爱家庭协会会长，华人专业家庭事工先驱者。

这是一本具体又实用、应时又精彩的“老人学”读本，无论是想瞻望自己金色年华的中青年朋友，还是照顾长辈的家人、社工、医护人员，或多或少可从本书中获得帮助。

# 序二

## 愿大家老当益壮

黄胜雄[1]

葛原隆医师和夫人吴莹瑛女士完成了这本书，拟献给将退休或已退休的朋友，好让大家老当益壮。二位邀我写序，我当然义不容辞，更感荣幸。葛医师是恩师吴震春医师的女婿，我们在台湾受教育，大半人生在美国当执业医师。所以，我很了解他们的心意，更喜欢这本书。愿这本书带给退休或准备退休的人们更多的帮助！

我想葛医师邀我写序的另一个原因，一定是他看我75岁还在认真工作、生活。我是脑神经外科医师，到了这个年纪还能值班、开刀，他认为我一定有什么秘密，要我在这里披露出来。

好吧！我就告诉你，没有秘密，只有执着和恒心，或说要认命。我并没有经济上的压力迫使我继续工作，我把现在做的事情，如照顾弱小的族群，看作第二生涯。花莲，地处偏远地区，经济状况较差，不少原住民和农民在那里居住。工作使我乐此不疲。

1. 黄胜雄医师为享誉美国的脑神经外科权威。现任台湾花莲基督教门诺会医院暨相关机构总执行长。

人的体力总会随着年龄的增长而退化，所以我也抽出时间来锻炼身体。我平均一星期健走4次，每次4 000米，要用30至45分钟，也做一点伏地挺身锻炼臂肌。我不贪吃，如果吃多了，就想办法把能量消耗掉。我每天也看书、写文章，锻炼自己的大脑，以免退化太快！

我每年做一次健康检查。有一年在尿便中发现潜血后，就赶快做大肠镜和胃镜检查，看哪里在出血。结果胃壁黏膜出血。我有慢性萎缩性胃炎，是幽门螺杆菌感染引起的，久而久之就有表皮的细胞病变和出血。细胞检查有恶化后，我马上做了内视镜局部胃黏膜切除术，切去了直径为5厘米的圆形胃黏膜，病理检查是胃癌，但只限于局部，不超过2毫米深。之后，我每6个月做一次胃镜检查，积极用药，一年后我成功地消除了幽门螺杆菌，癌细胞也没有了。我相信现代医学，因为现代医学教我们做预防或早期治疗！

我相信身体健康需要努力维持。人的寿命虽然有75%和遗传基因有关，但是其余25%的努力可以使你活得快乐、有意义。仅此，愿大家退休之后老当益壮！

2013年5月21日

# 序三

## 展望长辈事工的未来

陈金兴[1]

“我们一生的年日是七十岁，若是强壮可到八十岁；但其中所矜夸的不过是劳苦愁烦，转眼成空，我们便如飞而去。”

（《诗篇》九十篇10节）

有生，就有死，这是千古不灭的定律。因此，每个人一出生便取得一张“出生”的单程车票，并从这“没有回程的起点”（the point of no return）出发，直到“死亡”的终点。在长短不一的人生旅程中，我们从幼年、少年、青年、壮年、中年直到老年，逐渐蜕变（metamorphosis）与凋零（fading），最后画上人生的休止符。

物品用久了会变旧，人多活几年也会渐渐苍老。要如何面对高龄化社会所衍生出的心理与生理上的种种问题，是目前社会、家庭与个人所面临的一项挑战。在生理上，随着年

1. 陈金兴，1955年出生于台湾南投，台湾中国文化大学英文系毕业，长荣大学台湾研究所硕士，现为文字工作者。著作有《台湾另类牧师／医师——谢纬》。

龄的增长，老年人的身体机能逐渐退化，但在他们身上却又蕴含着丰富的人生阅历与成熟的智慧。既然人都会老，那么在心理上，该以什么心态迎接老年？在行动上，又该如何关心老年人？职是之故，如何使老年人在身、心、灵方面得到均衡的发展？如何提升老年阶段的生活质量？如何让老年人有尊严地活下去？这些都是今日势在必行且值得深思的重要课题。

本书由葛原隆医师及夫人吴莹瑛女士合著。葛医师为妇产科专科医师，但其研究与涉足的领域还延伸到阿尔茨海默病（Alzheimer's Disease，俗称“失智症”）及老人医学（Geriatrics）等。夫人吴莹瑛除了相夫教子之外，还擅长写作，其文真情流露，感人肺腑。自国际真爱家庭协会（Family Keepers International）于2001年在美国成立起，葛医师夫妇便积极参与，推动该协会事工，到处演讲，或发表文章分享生活经验。莹瑛姐之父吴震春（1921—2006）曾担任台北市马偕纪念医院妇产科医师33年，接着继任彰化基督教医院院长9年。1989年（68岁）退休之后，葛医师夫妇就安排包括母亲汪婉华医师（1923—　）在内的两位“老人家”前往美国加州生活，让他们含饴弄孙，颐养天年。吴震春医师于2006年逝世，吴夫人疾病缠身近20年，目前仍在台湾疗养。

葛医师夫妇事亲至孝，在亲身照顾年老多病的父母之过程当中，他们体会到“一个老人最大的恐惧，莫过于被遗弃的恐惧”（见本书第五章）。因为“孤单的老人大致上的感觉是被边缘化，或被摒弃、排除在外”（见本书第十章）。因此，为了陪伴与照顾家中的长辈，他们在加州、台湾两地奔波，以分担弟妹们的辛劳。夫妇俩共同经历失怙之悲，承受母亲长年卧榻之痛，乃意识到推动长辈事工之迫切。他们遂将自己多年来亲身照顾长辈的经验，从医学、死亡学（Thanatology）、社会学、家庭伦理、生命教育及老年人自身诸多方面，循退休、保健、赡养直到临终关怀的脉络，一路铺陈下来，见解精辟，分析到位，理路分明。书中处处可见作者的良苦用心，以及尊重生命的态度。

但愿本书协助即将步入老年或已经是老年的长辈尽早适应老年生活，甚至在面对死亡时，让自己成为一部“活教材”，鼓励其他老年人以正面的思想看待人生，以淡然的心态欢度余生。人类虽然不能决定生命的长度，但可以决定生命是否丰富。

乐见好友葛原隆医师伉俪即将出版新书，承蒙抬爱，是以为序。

2013年5月31日

# 自序

## 余晖荡漾话晚年

葛原隆　吴莹瑛

近百年来由于医学发展突飞猛进，生活环境及生活质量提升，人类平均寿命几乎延长了一倍。社会人口结构随之改变，资深公民（Senior Citizen）所占比例一年比一年多，于是医学科学界新增了老人医学。以前医学研究及统计都是至75岁为止，现在老人医学则以75岁以上长者的健康及病变为主要研究项目。医院门诊也增加了老人科门诊。小区中“上有高堂”的家庭比比皆是，小区及教会中增加了不少“长辈会”“长青会”“松柏团契”“松柏大学”“老人大学”等。有鉴于此，国际真爱家庭协会也设立了长辈事工（Senior Ministry）。

由于人类寿命的延长，我们这一代人有幸在退休后还能享受二三十年的金色年华。谁知原隆62岁那年，在例行胸腔X光检查中发现右侧肺中叶有一个3到4厘米的肿瘤，计算机断层及正子断层扫描都证实是肺肿瘤，而且已经转移到淋巴。原隆有幸出生在这个长寿年代，却似乎无缘享受退休后的黄金岁月。开胸切除右肺中叶时，医师也认为是肺癌无疑。

出人意料的是，病理医师在切除的右肺中叶中竟找不到癌细胞，似已被宣判死刑的原隆，突然有了一线生机，上天重新赏赐他享受金色年华的特权。这次经历让原隆认真严肃地思考人生的意义。

原隆发觉前半生一直拼命追求事业的成功。此番面对生死，才了解事业、功名都如过眼烟云，重要的是有个温馨的家庭及有意义的人生。那时，诊所业务繁忙，但和爱妻莹瑛商量过后，他决定急流勇退，重新规划人生下半场，好过得充实丰盛，并协助和我们年纪及处境相仿的朋友同享此福。

原隆和莹瑛自2008年从职场退休后，负责国际真爱家庭协会长辈事工。刚开始我们先成立“长辈照护者相互扶持成长小组”（Caregiver Supporting Group），以给照护者提供互相学习、互相鼓励的机会，并为他们提供一些有关老人医学的新知识。我们也常常一同观赏教育性的影片，讨论分享。几年来我们接触了各种不同年龄层的人，从中年人到将近退休或已退休甚至近暮年的老人。在聚会时，根据与会人士的需要，我们会提供各种不同的信息。搜集这些信息相当耗时费力，在叶高芳会长及苏文安副会长的鼓励下，我们整理归纳几年来所学所得的信息、见证及教导，并有系统、有层次地呈现出来，以便从事长辈事工的同仁有数据可循。

书中医学部分（第1、3、5、8、9、11、13章）由原隆编写，有关心灵层次的部分（第2、10、12、14、15章）则由莹瑛编写。本书分15个不同的主题，每个主题附有讨论题目、相关影片、见证分享，供聚会讨论。在此特别感谢苏文博医师提供第4章《全人保健》，许芸女士和苏文安牧师提供第6章《凝聚家族亲情》，以及李怀恩师母提供第7章《珍藏真爱的回忆》。我们向书中提供见证分享的朋友致以诚挚的谢意。

最后，我们再次感谢叶高芳牧师和苏文安牧师的鞭策与鼓励，黄胜雄医师及传记名作家陈金兴老师为本书写序（黄胜雄医师是原隆的医学前辈，也是吴震春医师的得意门生）；感谢林敏雯女士为本书修订、校正所付出的时间与精力，并向本书编排、设计者致以谢意。正是你们的付出与努力，本书才得以问世。

2013年5月于美国洛杉矶

# 目 录

## 第四部分　老人照护实务篇



## 第五部分　生命终程瞻望篇

# 第一部分

# 金色年华
# 理念篇

别让自己闲下来，要使生活有变化。

周详做准备，用心做规划。

退休是小憩，重新再出发。

秋天最宜人，秋叶映金华。

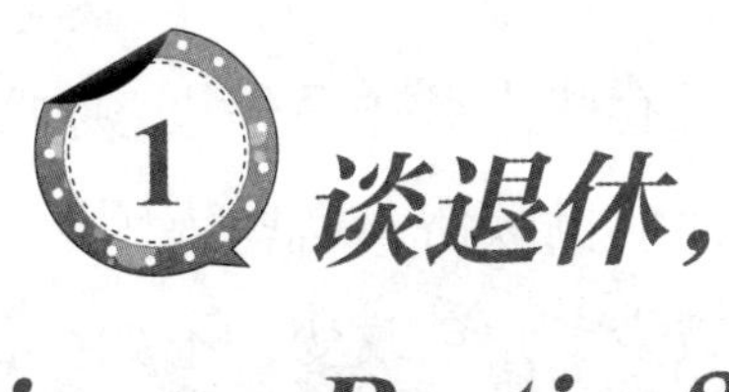

# 1 谈退休，Retire or Re-tire?

## 退休？换跑道重新出发

随着医学科技的进步、人们对营养卫生与保健的重视，人类寿命得以延长，社会人口平均年龄接近80大关。这些年长的资深公民应该以积极的人生态度及平衡的身心，面对人生最后一段不算短的岁月，让黄金年华活得更丰富，更加多姿多彩。

退休是指停止自己或受雇的例行工作。有人认为，“Retire”就字面而言是“退休”；另一个意义是“Re-tire”，也就是换上新轮胎，更换一下跑道而已。

退休年龄一般为65岁。退休后，生活角色、活动范围与作息习惯发生改变，会影响家庭生活和人际关系。在生理方面，因工作压力减少，如果适当安排退休生活，可使身体更健康。但退休对心理带来的冲击与压力仅次于丧偶。有些人退休后停止各种活动；有些人被破碎的梦所击败而愤世嫉俗；有些人因逐渐老化而恐惧；有些人则因收入减少、角色改变，不如往日那般受尊重，或因工作狂的个性难以调适，使退休成为一种心理伤害，进而演变为惨痛经验；有些人因拥有积极、乐观、有弹性的人生观，再加上做好了退休前的身心适应准备，其退休生活丰富多彩。

林语堂在《年华渐老》一文中如是说：

> 到了生命的某一个时期，春日的纯真已成回忆，夏日的繁茂余音袅袅，我们瞻望生命，问题已不在于如何成长，而在于如何真诚度日，不在于拼命奋斗，而在于享受仅余的宝贵光阴，不在于如何花费精力，而在于如何贮藏，等待眼前的冬天。……我爱春天，但它太嫩了。我爱夏天，但它太傲了。所以我最爱秋天，因为秋叶泛黄，气度醇美，色彩富丽，还带着一点悲哀的色调，以及死亡的预感。它金黄的艳色，不道出春天的无邪，不道出夏日的权威，道出了晚年的成熟和温蔼智慧。它知道生命的期限，心满意足。……我只能尽量保养，让自己至少再活十年。生命，这个宝贵的生命太美了，我们恨不得长生不

老。……儿孙长大了，他们有他们的人生，在无常的世间独立面对各种多变的情况。我们回顾一生，觉得此生无论是成是败，我们都有权休息，优哉游哉过日子。享一享儿孙绕膝的快乐，在近亲环绕中享受人生的最高福佑。

你是否准备好迎接这人生中“秋叶泛黄，气度醇美，色彩富丽”的黄金岁月？让我们一起来思考下列几个问题。

## 你适合退休吗？

如果你正面临要不要退休的抉择，请思考以下四个问题。

### 一、工作环境的考虑

你每天是否怀着愉快的心情上班？你和办公室同仁相处和谐吗？你能胜任工作上的要求吗？假如前述三个答案都是肯定的，能拥有这样愉快的工作环境而且可以不退休的话（如在自己的企业工作），千万不要退休！继续工作吧！

## 二、经济上的考虑

台湾“经济建设委员会”最近公布了一则惊人的信息：以2009年总生育率1.1（每位妇女一生的生育数）计算，到2019年，台湾65岁人口将多于14岁以下人口。这就表明，高龄化社会正式来临！专家指出，这个报告再度印证了一句话——退休金要靠自己，且越早存越轻松（一般来讲如果总生育率小于2.1，新生人口数量就不足以弥补因各种因素而减少的人口数量）。

很多人可能不在意高龄化社会的来临。仔细想想，十几年后每1.5个就业人口就要负担1个老年人的社会福利和照护赡养等支出，这是相当大的压力。尤其是当20世纪70年代和80年代出生的人成了社会中坚分子，同时也是“上有高堂，下有幼子”的“三明治”族群，肩上负担之重更是难以想象。

到底应在多少岁时开始存退休金？经济学家认为，最迟得在40岁以前筹措退休金。

另外，身为“奉养父母的最后一代，被子女弃养的第一代”的21世纪上班族，之所以越早开始准备退休金越好，其原因主要是科技快速进步造成职场生涯缩短的危机，以及子女教养、生活开销、置产养老的现实。因此，应在40岁以前理性、有计划地筹措退休金。无论如何要切记：“退休金要靠自己，越早存越轻松。”

在美国的生活费用大约为中国台湾的2倍。以中国台湾的生活水平计算，如果在40岁之前开始为退休生活做准备的话，到底应该如何准备这笔钱呢？经过调查，大多数台湾人希望退休之后，每个月至少能有30 000元台币；如果预计退休后还可活20年，那么每个人最少需要储存7 200 000元台币才勉强够用。

如果我们从35岁开始存退休金，预计60岁退休，希望有7 200 000元台币可以养老，那么我们从35岁开始，每个月要固定存10 000元，而且要找到年报酬率7％的投资工具，才有办法达成退休梦想。

每个月存10 000元，这对很多上班族来说似乎不容易，毕竟房贷、车贷、孩子教育金、保险金等支出扣掉之后所剩无几。更不妙的是，如果退休之后不只活20年，而是30年，甚至40年，那么退休金可能不是每个月仅仅准备10 000元就够的。

专家提出了一个简单的计算方法：一个人如果从35岁开始，每个月固定存10 000元作为退休金，60岁退休后可以拿到720 000元；照道理说，这笔钱可用到80岁。然而，如果身体健康，活到90岁的话，比预估又多活了10年。为了应付这多活10年的花费，需从35岁开始，每个月多存5 000元，也就是总共存15 000元，这是“长寿”时代的准备之道。

总之，退休前有仔细的财务规划，年老时才能享有财力上的自由，才能享受退休生活。在退休后没有固定收入的情况下，你是否可以应付每个月的家庭开支？房屋贷款一般是最大的贷款项目。可能的话，在退休前还清房屋贷款是明智的抉择。退休后的家庭开支依个人生活形态的不同而有所差别，一般大约为退休前的70%～80%。如此计算一下总财产可对退休后的财务规划有所帮助。

### 三、如果你是个工作狂

有许多朋友是工作狂，让他彻彻底底闲下来，是对他最严厉的惩罚。假如你是工作狂，不要轻言退休。对于工作狂而言，不愉快的工作环境所带来的痛苦，也许远比退休后彻底闲下来的痛苦要小得多。

### 四、你能一星期7天每天24小时和家人共处吗？

不管你是不是工作狂，也不管你在职场有多么活跃，一旦退休，家庭将成为你最主要的活动场所。如果你无法融入家庭的话，不要轻言退休。否则，天天待在家里，不仅自己痛苦，家人更痛苦！因此，退休前及早检视并改善和家人的关系不可小视。

## 退休后心态的调整

退休后要如何调整心态、安排生活，进一步改变起居习惯，最终愉快地享受退休生活，是人人必修的课题。许多退休的朋友忽然从繁忙工作中一下子清闲下来，甚至闲得发慌，开始怀疑自己存在的价值，以致整个人都变得郁郁寡欢。越是从高位退休，越是有钱的人，这种问题越严重。

退休前，车如流水马如龙；退休后，门前冷落鞍马稀。不管你退休前如何呼风唤雨，一旦退休，一切终将风平浪静。退休后看淡名利，忘记过去，才能享受无风无浪、平静安逸的退休生活。

退休之后，应安分守己，不一定要寻找事业的第二春。因为上了年纪的人，野心减小，冲劲不足，体能也消减。要尽量设法习惯退休后头上没有光环的日子。

有位朋友在65岁退休后，每天到“24小时运动中心”运动两小时。他将上班的规律转到运动中心，既健康又打发了时间，一举两得。

台湾一位五十几岁退休的金融业人士，有一次到以前的上司家中做客，上司吩咐他不能让其他远来的客人知道他已退休，怕丢了主人的面子。其实，退休是每个人的必经之路，应该愉快地迎接它，没想到真来临时，竟是如此难以面对。我们社会中的某些人（如前述的上司）一切向“钱”看，认为退休后就没“钱”途了。

在欧美社会中，大家都会羡慕退休人士。在欧洲曾有政府将退休年限延后两年引起2 700万人上街罢工的事件发生。

## 安排退休生活的三大原则

### 一、别让自己闲下来

退休后每天都是星期六（明天不用上班）。有事做，是让自己退休日子不会太难过的第一原则。有位朋友喜欢成天发呆，我想他很适合退休。可是不动脑筋，大脑容易迅速退化，小心阿尔茨海默病提早上身。

### 二、要过有变化的生活

天天过着一成不变的日子，时间一长很容易让人抓狂。生活要丰富多彩，有的人每个星期天上教堂做礼拜，平常约几个朋友一同爬山，每个月在近郊旅游几天，每年出国旅游一两次……“放假”充电后回到家，才可以重新面对接下来一段平淡的日子。

## 三、要让精神有所寄托

精神有所寄托很重要。若退休前一味追求成功，退休后更应追求生命的意义。可将精力和时间用在社会关怀的工作上，帮助更需要帮助的人。如果能使别人快乐，提高别人的生活质量，自己必能得到更大的满足。退休后应培养多种爱好，多参加老友聚会、同学会等活动，如此才能保持“既有个人自由，又不离群索居”的平衡生活。因此，尚未退休的朋友，宜趁着年轻多培养几样爱好。例如上网、打游戏、阅读、听音乐、种花种菜、登山健行、慢跑晨泳、钓鱼摄影、烹饪做菜、观星赏鸟、雕刻绘画、唱歌跳舞、书法、绘画等，甚至自己动手整修家园。找一两个退休前很想做却无法达成的事，去完成它。

## 结语

退休前各方面应妥善预备，经济上仔细规划，生活习惯上做好安排，心理上做好调适，身体做好适当的保养，才好享受灿烂的银发岁月。

长青
图书馆

·《人生下半场》（*Halftime: Changing Your Game Plan from Success to Significance*），鲍伯·班福德著，杨曼如译，雅歌出版社，2001年。

长青
行动场

·请拿出纸笔，列出您退休后的生活费预算，并写出要如何着手准备。

长青
电影院

·《东京物语》，日本影片，1953年。该影片描绘大家庭两代间的亲情故事。亲情与疏离、挚爱与义务、死亡与孤独，在一件件大家再熟悉不过的日常琐事中缓缓铺展开来。

长青
谈心园

1. 退休前应该考虑哪几方面的问题？
2. 应该如何及早规划退休金？
3. 您认为退休前当如何做心理预备，或是退休后当有何心态上的调整？
4. 若您已经退休，请分享每天、每周的固定行事历和每年希望参加的特殊活动。
5. 本章内容对您最大的启发或提醒是什么？

见证分享

## 父亲的国画之路

吴莹瑛

父亲于1989年（68岁）开始了他的退休生涯。他一生总在忙，一下子赋闲在家很不习惯。他曾说过："叫我退休下来整天无所事事等死，是多么可怕的事。"有念于此，他抵达洛杉矶后的第一件事就是去考美国的汽车驾驶执照，有车代步才能安排丰富而充实的生活。虽然老爸有多年的开车经验，可是在台北养成的许多坏习惯使他学起来非常吃力。我这"老师"性急没耐心，因此教得挫折重重。第一次路考惨遭滑铁卢是意料之中的事。但是老爸再接再厉，第二次就考过了，执照是在他临上飞机回台北前一小时拿到的。

老爸老妈于1990年在洛杉矶买了一栋小房子，打算每年在洛杉矶与台湾各住六个月。他们住下来后，我便帮他安排每周上两次网球课，请教练陪他打球，周末则和这里的一群网球爱好者打双打。另外，每周还要在长堤小区大学上一次素描课。上课时，老妈总是陪着老爸进进出出，夫唱妇随，我们为人儿女看在眼中，颇感欣慰。

一天，我偶然得悉长堤社教中心开了一门教中国国画的课程。我喜出望外，擅自做主为他俩报了名。“哎呀！我没兴趣画国画。”老爸斩钉截铁地反对，我和老公再三连哄带求，“威逼利诱”，并告诉他说：“钱缴了，不能退。”爸爸只好硬着头皮去上课。上了第一节课后，他说：“一向画惯了水彩、油画、素描，对这全新的玩意儿实在不知道会不会喜欢。”所幸国画老师和老爸是台南一中前后期的同学，学画之外多少有些共同话题。老爸勉为其难，决定把这期学完，好向我交差。五个月以后，老爸开始画松、梅、竹等。但是每次上完课后，他就把作品塞进抽屉里，解释说还是比较喜欢水彩画。

第二年老爸开始画山水，第三年由黑白水墨画又进入彩色画阶段，第四年老师鼓励他尝试画人物和牡丹。老爸是个粗枝大叶的人，对这种工笔画较没耐心。一次，我们看见他画一幅仕女图，仕女悬空坐在椅子上，我们就打趣地问：“爸！您画的是杨贵妃闹肚子吗？”隔天我们看见他把那张画挂在客厅的墙上。妈说爸常常看着那幅画开怀大笑。

从此墙上贴满了老爸的作品。“自己的作品真是百看不厌！”老爸高兴地告诉我们。“爸！可是国画需要配上诗词，盖上印章才算完整。”我老公建议道。他一向对诗词兴趣浓厚。“这差事非你莫属了。”我趁机鼓励老公小试身手，他却客气地推辞说：“也要有人写上去呀！”我答道：“你的字很工整，让你全包了吧！”“哎呀！我怎么有此能耐呢？”他半推半就。“爸的画配上你的字最恰当不过了。”我坚持着。就这样，这对翁婿开始了他们一个作画、一个题诗、一唱一和的艺术生涯。

每个星期一，老爸下了课就迫不及待要女婿过去看他的新作，这傻女婿也就赶忙放下手边的事，开车去和老丈人分享成果。两人因作画、题诗的互动感情越加融洽，一见面就谈国画、诗词，其乐融融。老爸的国画一到老公手上，他就有样学样地挂在床前，绞尽脑汁，翻遍诗选，一找到适合画中意境的诗就手舞足蹈地打电话向老丈人报告，两人相谈甚欢。有时找不到适合的诗句，他就索性自己填个对子配那幅画。

1998年，老爸得了前列腺癌，不愿再受旅途奔波之苦，决定留在台湾疗养。老爸的国画学习因而中断。一年后，他在北投区公所的国画班再度拜师。无奈这位名师对他的作品不但吝于赞美鼓励，反而批评得一文不值，他因而对自己的创作大失信心。上了那期课就封笔了。每次我们鼓励他重拾画笔，他总是以“画得不好，又正在做钴-60的治疗，没心情”来推托。

1998年秋天，那年老爸77岁，我回台北探亲，和我的好朋友，亦是爸妈的干女儿，谈起老爸学国画的事。几经辗转打听到在石牌有一位叫戴子超的老师。我兴奋之余，打电话去探听情形，确定戴老师是褒多于贬的好老师后，我就带着老爸去拜访他。戴老师住在五楼，老爸却风雨无阻，从不缺课。我回台北时，老爸特别要我和他一起去上课，让我亲眼见识戴老师的风趣、对艺术的热爱，以及对学生的爱护和鼓励。我这乖女儿可帮老爸找到了一位好老师。意外的收获是，爸的膝盖和心脏也因每星期爬一次五层楼而强壮许多。

1999年夏天，我们带老爸去爱琴海旅游，那儿独特的景色及建筑引起他浓郁的兴趣。他拿着相机到处拍，只取景不取人。我们看了很纳闷，他解释道：“这些风景都是我将来画国画的题材。”我们都不以为然，心里嘀咕着：“国画上的是中国山水，异国风景怎能入画？”没想到回台北后，他陆续以爱琴海的照片为样本画了好几张希腊、土耳其的民情风土国画。更难得的是，戴老师对老爸的新题材赞赏有加，还把其中一幅送去参加师生联展呢！老师赞美说："吴先生的画，我改起来有劲多了。"

老爸的80大寿将至，我和老公想帮他出本画册以作纪念。老爸闻听此事雄心万丈，每隔两星期就寄来四五张画，而老公也帮老丈人题诗忙得不亦乐乎。爸爸平淡的退休生涯也因从水彩画到国画的过渡而充满了乐趣。在老爸80岁生日前夕，谨以此文祝他身体安康，并努力向自己的第二本画册迈进。

（2000年）

# 2 拥抱老年生活

## 坦然接受老化

随着医学日渐发达，慢性病得到控制，人类寿命得以延长，但是现代人仍因惧怕进入年老的生活形态而一心想寻求延迟老化的秘方。不可否认，年老意味着随之带来的各种疼痛，器官老化，因功能减退引发的行动不便等，这些确实给老年人带来了巨大痛苦。

加利福尼亚州立大学欧文分校的一位老人医学科医师表示：随着年龄增长，身体和大脑的衰退是一种必然的现象。如果因这些不可避免的自然退化而生闷气、自怨自艾显然是不明智的。较好的方法是尽量改变生活习惯来延迟老化，改变心态，坦然接受。

德国圣本笃修道院的古伦神父（Anselm Grün）在《拥抱老年心生活》（道声出版社，2008年）一书中，用四季的变化来比喻人生：春天就像童年和青少年，他们拥有丰富且正绽放青春活力的生命；夏天就像成年人，他们的生命到了人生的顶峰，就像耀眼的阳光；然而，老年就像秋天，是一个采收的季节，可以呈现多彩多姿的生活。秋天也是感恩的季节，是丰收和享受果实的时光。老年人在此阶段，可让生命成为别人的果实和祝福；他们亦是秋阳，散发和暖的阳光，让接近的人感到一阵暖意。

然而秋意中不免有萧瑟之感，肉体必定逐渐衰退。此时要与这个不可改变的事实和平相处。千万不要拒绝接纳老化的生命而不断抱怨，以致身边家人或陪伴者不耐烦，甚至不敢接近或是只因罪恶感而前来探访。长者要学习接纳自己身心的极限，面对病痛不畏惧，面对衰老和病痛人生仍可活出意义与期盼。

放下掌控身外之物的权力，对老年人也是极大的挑战。年老时把自己的财富捐献给自己最喜爱的公益团体或全权授予儿女处理，才是银发族内心自由的表现。紧紧抱住金钱不放，对身心伤害极大。古伦神父对捐赠的看法发人深省，他说：“当我们捐赠时，要用我们仍然温暖的双手，而不是用我们死后冰冷和僵硬的双手。”

## 秋冬的丰富与宁静

处于黄金岁月的银发族心中充满感恩，不懂得感恩的人是不受欢迎的。老人要在感恩中学会饶恕自己，舍弃罪恶感，饶恕别人，活在当下。这段时期是老人发挥祖父母作用的最佳时期，祖父母对孙辈完全接纳，疼爱之至。定期或节日的三代同堂不但对自己身心有益，而且是对整个家族的祝福。三代之间的彼此祝福，是老年人留给家族的传家宝。

秋天过去就是冬天，冬天虽然看似了无生机，一片死寂，却有它的美景。宁静安详的冬日，在白雪覆盖下的大地仍然蕴藏着生命的律动。

进入冬令的老年人要沉静、自在，更要有智慧，因为智慧的老人是社会给予的祝福。日日更新的心态会让长者活出朝气。

在这宁静的季节里，老年人每天为自己、家人和亲友祝福。

诗人赫塞（Hermann Hesse）视老人为“飘向家中的干枯树”。他在书中写道：

> 每朵花都会结果，每个早晨都会变成夜晚，
>
> 世上没有永恒，不断改变，不断流逝。

即便是最美的夏天终究也会感觉到秋天和枯萎。

停止、落叶、耐心的沉静，

当风想要带走你的时候。

玩自己的游戏吧！不要反抗，就让它静静地发生，

让吹落你的风，送你回家吧！

## 基督徒面对人生终点的态度

古时帝王最关切的事莫过于如何让自己长生不老、永葆青春，但古今中外，无人能幸免于死亡。即使基督徒认为死后有永恒的生命，也无法避免死亡，其中有人仍然惧怕它的来临而拒绝面对。我们害怕死亡，因为对死亡陌生且未知，不知道死后会到什么世界。但是如果认清生、老、病、死是生命的本质，死亡是今生的终点站，就可以坦然面对，并认知它是在基督信仰中走向上帝的一条通道。当确信永生是与上帝同在时，死亡便成了一种蜕变，而非终点。

如果一个人终其一生只是抗拒面对死亡，认为死后一切终将结束，那么他会紧紧抓住所有不放，恐惧地看着

自己越来越衰弱。反之，当一个人把死亡看成蜕变，就会用一种愉悦的心情，过好活着的每一天。20世纪90年代的一本畅销书《最后十四堂星期二的课》（*Tuesdays with Morrie*，大块文化，2006）教导我们思考死亡的真义，帮助我们认真活在当下，把每一天当作最后一天来过。虽然这些都是老生常谈，但又有多少人能看淡生死，活在当下，努力过好今天呢？与其每天战战兢兢地活着，何不想象自己躺卧在大自然的怀抱中，以平和的心期待这一天的来临？

《最后十四堂星期二的课》中，莫瑞教授的最后一堂课讲了一则关于海浪的寓言：

从前有一个小海浪，每天在大海中上上下下快活地嬉戏着。有一天，它突然发现快被大海冲到岸边，不一会儿就要变成泡沫了，这小海浪害怕地大喊救命。这时，旁边来了另外一个小海浪，也在大海中快快乐乐随着其他海浪嬉戏。

这小海浪听到呼救声，好奇地问："你怎么啦？"

呼救的海浪答道："我快被冲到海岸，马上要消失成为泡沫了，救救我吧！"

"你根本不是什么海浪，你只是大海的一部

分啊！”那另外的小海浪愉悦地回答。

是啊！海中的大小海浪虽将终成为泡影，但仍是海的一部分。人类不论是生是死，也只不过是这浩瀚宇宙的一小部分而已。

既然帐篷的拆卸只是迟早的事，就让老年人在有生之年为子孙留下美好的足迹，散发温和的光芒，让我们的社会更和谐吧！

## 处理珍藏，留下纪念

基于亚洲人的文化背景，大部分老年人因经历战乱而缺乏安全感，养成了囤积和满足购买欲的习惯。日本女作家曾野绫子在她的著作《晚年的美学》中提出要“提前处理身外之物”，对这个真知灼见我非常赞同。每个人在自己的生命之旅中，都会收集一些曾爱不释手的装饰品或纪念物，然而“生不带来，死不带去”是人人皆知的定律。这些带着个人情感的收藏品在拥有者过世之后就成为遗物。曾野的母亲因洞悉此观念，便在自己去世之前把所有她认为再也用不到的东西赠予他人，只留下两件和服、易搭配的毛衣和鞋子。母亲往生之后，儿女只用半天就将遗物整理完毕。她强调：“让任何物品都消失无踪，是往生者对世间表现的最高敬意，儿孙们只需怀念亲人即可，一个人晚年的情操是不要强迫别人记得他。”除此之外，让家人在悲痛的同时，还要处理遗物，更是难以承受。

住在笔者隔壁的一位老人家，家中摆满了五十多年来夫妇俩的珍贵收藏。当独居的老人家因在后院摔跤被儿女送往赡养院后，在外州居住的儿子把大型家具和价值不菲的史坦威三角钢琴就地拍卖，其他物品全委托当地的垃圾处理机构代为处置，真令人伤感。

如果我们能洒脱地将每一天当成最后一天来活，并接受人世间的无常与变幻莫测，就不必在身边累积太多的物品与收藏，因为它们随时都将成为让家人头痛的遗物，而这些遗物在他人眼中，也只不过是多了情感牵绊的杂物罢了。

一旦对“拥有”有了彻底认知之后，我们便不可能走上那条“随时想填满购物欲”和“囤积杂物以备不时之需”的不归路了。

**长青图书馆**

- 《晚年的美学》，曾野绫子著，姚巧梅译，天下杂志，2007年。
- 《中年以后》，曾野绫子著，姚巧梅译，天下杂志，2002年。

**长青行动场**

- 请列出你对家族和亲友的祝福。
- 请计划如何处理家中的珍藏品。

**长青电影院**

- 《秋天里的春光》（*Autumn Spring*），捷克影片，2003年。影片讲述了一位75岁却有着无限青春活力的老人悲喜交集的故事。主人公范达始终不愿面对年老的事实，不愿坐在家里等死。他选择在生活中不停挑战，也使自己的每一天在快乐的冒险中度过，充满丰沛的生命力。

**长青谈心园**

1. 当意识到身体开始老化后，你有什么感想？读了这一章后，又有什么新的体会？
2. 你对进入人生的秋季抱有什么态度和憧憬？亲友间有什么例子可以成为你的提醒或鼓励？
3. 当你回顾生命时，有哪些是上天所赐的福气？
4. 在今生之旅结束前，你做好了哪些准备工作？

见证分享

## 爱的心跳永不止息

吴莹瑛

“我将我的心跳传给你的胎儿。”爸爸将手放在我女儿微微隆起的腹部，深深望了他孙女一眼，然后又沉沉昏睡过去。隔天清晨8点多，他呼出最后一口气，便安详地离开这个他寄居了85年的世界。

每年来洛杉矶避暑是爸爸最盼望的事，然而今年5月底从机场将爸爸接回家时，他却不停喊累，喊背痛。拖着疲惫的身体，他还是苦苦撑到了最向往的位于长滩（Long Beach）的家中。

我们父女常在黄昏散步时谈心。今年有一天他突然对我说：“我想上帝要接我的日子快到了。”我心中忽感悲伤，仍强打精神问他：“爸，您怕吗？”“不怕！因为我知道要到上帝那儿去。”爸爸轻松地回答，“只是不知上帝要用什么方法接我走。”我黯然陪爸爸默默走回家。

一个月后，爸爸食欲大减，身体一天天衰弱，但还是强打精神作画、上教会，我们也尽量带他外出，参加教会的灵修会，还到圣地亚哥参观航空母舰。大家都不愿意接受现实，然而眼看他身体每况愈下，我们知道爸爸的预感不是没有根据的。

一天晚上，他对我们说："帮我抽血检查吧！我知道我病了。"

当医生诊断他得了末期胆管癌，且只剩下几个月时，我向医生提了两个要求：一是不要让爸爸有任何痛苦（听说胆管癌末期患者会很痛苦）；二是我们要他在家里，让我们陪伴他走完人生最后一程。

我电话通知所有兄弟姐妹后，他们陆陆续续赶来洛杉矶为爸爸打气。爸爸的这群老孩子趁他清醒时就和他腻在床上，谈谈儿时的趣事，各自将心中那从不敢接触的痛或悔恨向他倾诉，恳求原谅。爸爸只是安静地点点头，眼中泛着泪光。我们都感觉到虽然他已经做好了准备，但是对儿女依旧不舍。

我的一双儿女一有空就回来替外公加油。已经怀孕的女儿还特地要求外公勉力支撑到她的胎儿出世。在这三星期中，爸爸充分享受亲情的滋润，我们和他也借这个机会清除尘封已久的心灵垃圾，感觉轻松许多。爸爸对他的疏忽而造成小妹残疾的终生憾事也因得到她的谅解而感到安慰。

每晚临睡前，我们四个孩子就和爸爸一起牵手祷告，感谢上帝赐给我们这段一起相处的时光。我们通过祷告将难以向爸爸启齿的期许一一陈诉，爸爸也为每一个孩子和孙子提名代祷，把一切交托在上帝的手中。在这个时刻，我们更感受到爸爸对亲情的重视和对上帝的依靠。

有一天，我的儿子和女婿，他们是事业伙伴，利用午休时间一同来探望爸爸。爸爸看到他们两人同时出现，兴奋地抓起他们的手，三双手紧紧相握。爸爸语重心长地说："团结就是力量，当你们在生意上有歧见或争执时，要记住——事业失败可以东山再起，但亲情破坏了就永远无法弥补。要记住阿公对你们的期许。"

在安宁照顾中心医护人员的劝导下，爸爸开始用吗啡贴剂把疼痛减到可以忍受的程度。他清醒的时间逐渐减少，经常处于昏睡中。看着爸爸沉重的呼吸，我们只有心痛地陪在身边，希望他能感受到我们的爱。

每次我问他："爸！您知道我很爱您吗？"

"我知道。"他总是这样回答。

有一天，爸爸醒来，儿子把他抱到起居室坐在老位置上。那天，他精神特别好，看着后院色彩缤纷的花草，突然说了一句："Very good！"我急忙问他指的是什么，他又大声重复道："This is all very good！I am very happy."当时我们感到爸爸已经准备好了，而且了无遗憾。他眼光仍透出一丝"不放心"，想试着表达，却又昏睡过去。

由于工作的缘故，弟弟得回到新泽西，留下我们三姐妹继续陪伴爸爸。

之后爸爸利用网络视频电话和他在台湾的姐妹一一告别，也向在新泽西和温哥华的孙子和孙女说："我爱你们，要用好上帝给你们的生命。"

7月21日早晨，我向爸爸例行请安时，发现他的双脚逐渐冰冷。马上打电话给安宁照顾中心。半小时后，护士赶来检查并告知："患者已在死亡过程中。"虽然知道这一天迟早要到来，但听到这个噩耗我仍方寸大乱，只能蜷缩在沙发上伤心落泪。我给在新泽西的弟弟打电话，希望他赶在爸爸断气之前来洛杉矶。我们觉得爸爸是在硬撑着好像有事要向儿子交代。弟弟在最短时间内赶了过来。爸爸看见他儿子时，马上牵着他的手说出他的最后一句话"照顾妈妈"，便安心地沉睡了。

7月25日清晨，爸爸选择在我沐浴之时，悄悄呼出最后一口气。嘴巴微张，眼睛紧闭，眉头深锁……我爬到床上，抱着他的遗体，除了不舍还多了一份感恩。感谢上帝赐给我这三星期，陪伴爸爸走完人生最后旅程。感谢上帝让他的四个孩子有机会向爸爸表达爱意，互道内心的伤痛，彼此接纳，彼此原谅。感谢上帝让我们相约在天父家中再次相会，享受永恒的生命。

牧师应邀赶来为爸爸主持了一个简单的家族告别仪式。一家四代围绕在爸爸的床边唱诗、祷告，并一一向爸爸吻别。在牧师祷告后，我们惊奇地发现爸爸的眉头不再深锁，眼睛微睁，慈祥的目光依稀可见，嘴巴自然合上，脸上挂着安详的笑容。多么美丽的景象！我们知道，爸爸已卸下世上的劳苦，回到天家。

起初安宁照顾中心建议，要是我们无法支撑下去，可以随时将爸爸送过去。我们感谢上帝听了祷告，给我们力量、爱心与信心，让爸爸在亲情、友情的环绕中，在他最喜爱的家中自己的房间安息。

传承了外曾祖父的心跳，即将在来年1月中旬出世的婴儿，也将沿用外曾祖父的中文名字。

（2006年）

# 3 活出写意的黄金年华

《韦氏词典》（*Merriam-Webster Dictionary*）对老人的定义是一个年纪大，或退休的人。欧美国家的福利政策目前大体以65岁为退休年龄。在美国及欧盟国家中，人们要到65岁才能领全额社会安全金。这时才配称为“老人”。老人可以不再对社会付出，开始享受晚年，因此又有“资深公民”（Senior Citizen）或银发族的雅号。

孝道观念和二十四孝的故事，在中国人心目中根深蒂固，以为孝顺父母是不变的道理。我们这一代受固有文化影响，认为人上了年纪一定会得到儿女的照顾。事实上自工业时代起，小家庭已成基本和最普遍的社会结构。进入e世纪后，小家庭划分为单身、单亲、双薪或无小孩家庭。所以，“养儿防老”的观念在现实生活中已经过时了。

## 疾病压缩论

老人学有一个学说称为“疾病压缩论”（the Compression of Morbidity），其主要主张是，人们能够把重大疾病或残疾发生的年龄延后。也就是说，我们可以将重大残疾在一生中发生的可能性缩小，特别是减少晚年受残疾拖累的程度，让自己活得长又活得好。大家都希望活得健康无病痛，然而高血压、糖尿病、关节炎等慢性病是老年人的常见病症。既然人生难免行至终点，那么大家都希望“好死”，不必在离世前经历不堪忍受的痛苦。此学说的提倡者，斯坦福大学医学院教授詹姆斯·福莱斯（Dr. James Fries）认为，把可能发生在一个人身上的疾病都压缩到死亡前的最后一段时间，最好是一天或一星期，这样就可大大缩短痛苦的时间。

新英格兰百岁人瑞调查（New England Centenarians Study）发现，这些人瑞死亡时，病痛的时间都很短，平均不到一周。他们死亡前所耗用的医疗资源也不到一般人所用的十分之一。所以，老人想要“好死”——无痛苦，就必须先照顾好自己，健康过好每一天，避免患病，将所有病痛压缩到生命旅程的最后一段。如此，生活质量会好，心灵也可免受多余的负担。

真的可以做到活得长又活得好吗？人的寿命的确和遗

传基因有关，但是好好保养自己才可活到遗传基因的极限。有规律的起居、固定运动、呼吸新鲜空气、饮用干净的水、饮食节制、少盐少糖等，都是很好的生活习惯。从营养学来看，“七分饱”是长寿的妙方之一。根据分子生物学的研究结果，服用适量的维生素及抗氧化剂，降低低密度胆固醇，也都是促进健康的好方法。

老人的新陈代谢减缓，对于昼夜温差大或季节温差大的地方较难适应。因此，退休后宜住在温暖舒适的地方。

## 优质的社交活动与积极的社会参与

刚从职场退休的人，生活习惯及专注领域突然改变，常常很难适应。这时若老伴在身边陪伴和安慰，对身心健康有极大帮助。人的生活中需要朋友，老人更需要朋友，尤其是谈得来，并能互相扶持、帮助或安慰的朋友。大家可以一起回味人生，分享读书心得与旅行经验等。这种同构型较高并能分享的情谊，有助于提升退休老人的身体和生活质量。因此，老人需要不断与人接触，保持心理健康，正如身体需要养分维持健康一样。

拥有活跃的退休生活是众人所期盼的。只要有心，可以参加社团活动，出国旅游，担任义工，接受小区高龄者教育，落实活到老、学到老、服务到老的精神。

有些赡养中心开办小区“松柏大学”，其课程包括手工、艺术、历史、运动、计算机等约四十种。每一位退休长者都可依兴趣学习，既结交新的朋友，又可以在短期内看到学习成果。四年的“松柏大学”结业后，有的主办单位为了尊重长辈，还比照正规大学举办毕业典礼。学无止境的长辈学员身穿毕业生学士袍，头戴方帽，一个个欢呼雀跃，神气十足，在儿孙围绕下满足地微笑着……可见，活跃的退休生活会给人带来多大的成就感！

## 休闲娱乐的安排

退休后人生岁月还很长，部分人再度就业，有的从事义工活动，有的上“松柏大学”。除此之外，多数高龄者尚拥有大量的空闲时间。职场退休后，休闲活动正好可调适生活，维系社会关系。参与休闲活动有助于适应退休生活，保持身心活跃。休闲对老人的快乐、满足、创造力、学习与身心成长具有非常积极的意义。

“休闲”也是影响生活质量的重要因素。休闲活动可协助高龄者适应及维持生活满意程度，自我肯定，纾解情绪，还可增强体能，减缓身体机能的衰退。这是达到活跃退休生活的另一种方式。下面介绍一些动态和静态的老人休闲活动。

## 一、动态活动

1. 运动类

气功、太极拳、舞蹈、散步或快走、农业园艺、毛巾健康操、乒乓球、早操、伸展操、哑铃、棒球、弹力绳、养身健康操、关节运动、十巧手、手部传球等。

2. 旅游与购物类

国内一日旅游，到大型超市及百货公司购物等。

## 二、静态活动

1. 休闲类

园艺、茶艺、陶艺、饲养宠物、下午茶等。

2. 艺术欣赏类

音乐会、戏剧表演、舞蹈表演、电影欣赏、歌唱大赛、服装秀、环境布置比赛、定期举办庆生会等。

3. 身体保健类

保健义诊、健康检查、流感疫苗接种、健康讲座等。

4. 智力类

记忆训练、填字游戏、阅读书报、会客闲谈、电影欣赏、卡拉OK、看电视、下棋等。

5. 情绪类

怀旧治疗、音乐治疗、感官刺激、心灵时间等。

6. 节庆活动类

结合小区资源共同庆祝端午节、中秋节、父亲节、母亲节、重阳节、圣诞节、春节等，并邀请家属共同参加。

既然休闲娱乐的安排对于退休银发族来说如此重要，那么在退休之前就要培养自己的兴趣，为退休生活做准备，以积极态度参与各项活动，而不是消极度日。休闲活动对老人来说有以下几种功能：

（1）免除无所事事的焦虑，借此安定心境。

（2）使单调生活增添变化，消磨空闲时间，进而服务他人。

（3）在心智发展上能更成熟，弥补过去的遗憾，获得满足感。

（4）发挥创造力，进行实质性自我表达，展现天分。

（5）获得生理、心理和精神上对自我的肯定。

（6）保持与社会接触而不脱节，享受合群而不孤独的生活。

（7）提升休闲生活质量。

（8）做出明智的休闲决定。

（9）运用各种休闲技能，达到休闲目的。

保持生理健康应避免有害的行为或习惯，同样维持心理健康也应远离伤害大脑的物质。如酒精、镇静剂和安眠药等属于中枢神经性的镇静剂，会使人倦怠、昏睡，提不起兴趣，甚至患抑郁症。含有这些成分的药物应尽量避免服用。

## 健康的思考与行为模式

有些人在面对较大压力时，容易罹患抑郁症或焦虑症。亲人离世、身体渐弱、财务渐紧等变动，给老人带来的自然反应是绝望、丧失信心、退缩和放弃。此时，信心对扭转消极态度极有功效。

年长者感觉昔日所能掌控的种种事物如今一件件失去。然而经研究证实，年龄增长所造成的失落与改变，能够因心理的健康而稳定。即使是在长年卧病在床，几乎被环境击垮的老年人中，对自己颇有信心的年长者相比于没有信心的人，前者的复原要迅速得多。

老年人罹患慢性疾病，失去健康，又自社会中退出，加上经济能力下降，便需要依靠别人的帮助。维持年长者心理健康的最佳途径就是将精力和时间投注于帮助更需要帮助的人身上。如果自己的生命能使他人快乐，提高他人的生活质量，必能使年长者的心理得到更大的满足。一个人信心满满，也就有了平安喜乐，即使遇到困难也不至于一蹶不振。

有人说，无论自己多么努力寻求快乐，最终仍然无法快乐；除非愿意先让别人快乐，才能收获真实的喜乐。最快乐的年长者是愿意放下以自我为中心的人生观，甘愿帮助他人的人。

最后，拥有良好又方便的医疗设施，是安排好退休生活的必备条件。老年人容易生病，最好每三到六个月做定期的健康检查。每年打预防针对距离太远、不方便的老年人来说是一大梦魇。老年人应每五年注射肺炎双球菌疫苗，还应做大肠镜检查。如果住所周围没有这种医疗设施，还需舟车劳顿，就非常不方便了。因此，医疗设施质量及便捷是老人选择退休后居住地的另一重要考虑因素。

## 结语

人的一生何等短暂。面对即将来临的金色年华，若有周详的准备与规划，则能以智慧的心过上退而不休的生活，做个受人欢迎的长者，活出美好、写意的金色年华，享受上天所赐的福分，同时也祝福别人。

·《年岁的冠冕》，黄胜雄等著，台湾基督教门诺会医院出版，2004年。

·请搜集当地或网络上为长者提供的进修课程。

1. 什么是疾病压缩论？你对此有何看法？
2. 你有什么兴趣或是梦想？请思考如何在退休后发展兴趣或完成梦想。
3. 你要如何安排退休后的休闲娱乐活动？

见证分享

# 我是回台湾买灵魂的！

整理自黄胜雄医师演讲稿

“物质上的东西我都有，但生命真正的意义不在物质，我是回台湾买灵魂的！”门诺医院的院长黄胜雄医师如是说。

黄胜雄医师是享誉美国的脑神经外科权威，白宫的座上客，也曾是里根总统随行的指定医师。他被誉为是医师中的医师，一年要服务5 000位患者，动360台手术，年薪超过百万美元，住家占地4英亩。

到1990年，门诺医院前院长薄柔缆医师（Dr. Roland Brown）退休回美时，已在交通不便、医疗不发达的花莲地区为民众服务将近四十年之久。这种舍己为人的情怀令黄胜雄医师相当佩服。

1991年，薄院长在洛杉矶接受台湾某基金会颁赠的台湾奉献奖时呼吁：“我为台湾奉献了这一生，我盼望台湾人，尤其是台湾的医生，也能像我一样为自己的同胞，尤其是弱小无助的、需要人照顾的花莲百姓服务。很可惜！台湾的医生好像觉得到花莲很远，到美国比较近，没有人要去花莲，倒是很多人跑去美国。”

这一番话，让黄胜雄医师决定放弃在美国的一切，回到花莲服务。

他离开美国时，美国政界、医界共有400人来送行，州长、议长都来了，可见当地人如此不舍他的离去。

他告诉大家在花莲有更多的患者在等他。自1993年11月黄胜雄从薄柔缆的手中接下院长的接力棒至今，他仍在为台湾东部居民服务。

他坚持自己开车，即使到偏远山区做巡回医疗也是自己驾着吉普车开两三个小时上山下海。门诺董事会怕他辛劳过度，几次想为他请司机，都被他婉言谢绝了。

他说：“门诺还需要社会的支持，如果我可以请司机、买好车，我们就不要捐款了。”

黄胜雄以耐心、爱心对待每一个患者，门诊时间达三四十分钟。认识他的人担心他的身体承受不了，可年逾七旬的他脸上总是挂着惯有的微笑，回答说：“没关系，我很健康！”

门诺院长的月薪为30万台币，比一般医院院长少，不及他过去在美国薪水的1/10。即使这样，他还把其中的20万元捐给医院，自己住在员工宿舍过着简朴的生活。

一般人无法拥有的，他得到了；一般人放不下的，他却舍得。

黄胜雄说："我有大房子、很好的车子，物质上的东西我都有，但生命真正的意义不在物质，我是回台湾买灵魂的！"

（2012年）

第二部分

# 银发贵族养生篇

建立好习惯，保养勤锻炼，

饮食营养循门道，身体必康健。

勤作分享常聚会，心旷又神怡。

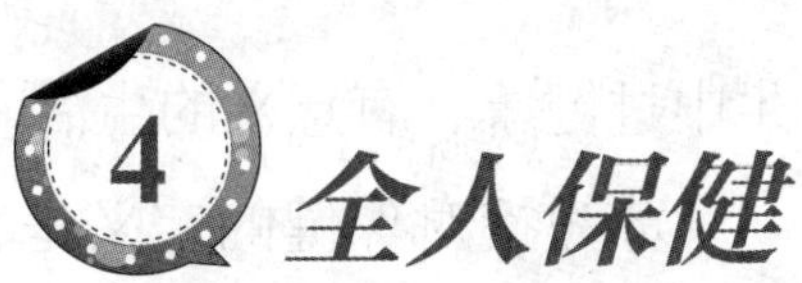

# 4 全人保健

人的生活包括许多层面。人生若要幸福美满，就必须在各个层面力求全方位平衡。我们只有平衡、全面照顾自己的生活，才能获得和谐、喜乐、美好的人生！国际知名皮肤科权威苏文博教授在他所著的《全人保健，持续实践》（国际真爱家庭协会、天恩出版社联合出版，2012年）一书中有很多宝贵的建议，值得我们参考，兹将书中一些精华摘录于下。

## 身、心、灵全人保健

没有人永远不生病，即使医学突飞猛进，也不可能永远不生病。保健就是保持健康。但是，身壮如牛就是健康吗？牛也会生病的。生、老、病、死是每个人都会经历的。保健所注重的不是不生病，而是期望在我们有限的人生中过健康、有意义的生活。

苏教授对保健的定义是，在身、心、灵三方面，在自己可能的范围内，保持平衡与健康。身、心、灵健康即是“全人”健康，指在身体强健、心智增长、与人和睦相处等方面都平衡发展，如同汽车的四个轮子须配合运转，汽车才可平衡、前进。

## 健康习惯影响大

至于“在自己可能的范围内”，是一个值得思考的问题。受遗传影响，比如说有糖尿病、高血压、癌症、哮喘、红斑性狼疮等病的家族史，那么儿孙得这些病的概率就比别人大。遗传的种类很多，有的是染色体或染色体综合征，有的是单基因病，有的是多基因病。所以，有些不健康的状况并非是自己能控制的，如有这方面的疾病，自己不必负责任，也无法改变。

但个人的生活和习惯却是可以改变的。如：糖尿病患者要注意测量自己血糖的高低，定期做检查，积极治疗，避免甜食，做适度运动等；有高血压病史的人，不要吃太咸或高脂肪含量的食物，要注意测量血压，分析血液里各种油脂的高低，做适当的运动等。所以，主动养成良好的生活习惯，对自己的健康非常有益。这就是“在自己可能的范围内”的含义。

许多肿瘤，尤其是外面看得见的，大多数是良性的。体内某些细胞长得太多，如在身体能够掌控的范围内，就没有生命危险。所以，良性肿瘤不是癌，也不可怕。恶性肿瘤，则是指身体的某些细胞不受限制地生长、散布到身体各个部位，这就会导致死亡。得了癌症要定期做身体检查，不过劳，不紧张，适度运动，多吃抗氧化的食物。比如大蒜、大豆、葡萄、姜、绿茶、卷心菜、西红柿、辣椒，它们可以抑制癌细胞的活跃程度。

每个人都不想上医院，但是生命不在我们的掌控之中，意外随时可能发生，所以我们要有应付疾病的准备。每个人最好定期做身体检查，随身携带健康登记卡，上面写上自己的姓名、地址、生日、两位紧急联络人的电话以及与自己的关系。登记卡上面还要记载自己的重大病史、过敏病史、预防针注射时间，甚至连破伤风针也不应落下。当我们发现自己的身体有变化时，最好及早安排，接受诊断与治疗，并且事先计划好。如家人患病，我们应当制订一定的应对措施，如到哪个医院，走什么路线，怎样联络亲友，带哪些随身物品。不怕一万只怕万一，未雨绸缪，这是一个好习惯。

## 保健身体勤实践

保健的目的不是让自己不生病，而是在身体各方面取得平衡和稳定。养成良好的保健习惯会大大减少癌症或其他疾病发病的机会，降低其严重程度。更重要的是我们可以活得更健康，更快乐。

一些实用的身体保健习惯是每个人都需要并且能够身体力行的。若希望保健身体，则必须养成良好的习惯；若不养成习惯，过几天就“束之高阁”，这是完全没有用的。我们要天天做、不中断，一件事连续做21天以上，就能够养成习惯。

固定做“有氧运动”（aerobic exercise）是对自己人生最有利的投资之一。人们在上面投入的时间和精力必然会得到丰厚的报答。休憩和运动各有其时，连续工作50分钟后，必须有至少10分钟的休息；每工作25分钟，休息5分钟也可以。周末到公园走走，每年去一两次国家公园或休闲中心度假。

如果经济能力有限，不能到远处旅游，市区里也有公园，街道旁也有草坪，闹街中也有树林。留意一下附近有没有春天的嫩叶、池塘的蜻蜓、山坡的野花、清晨的露珠……这些都是自然界奇妙、智慧的创造。美丽不美丽、神奇不神奇和观赏者的心境关系紧密。心里不愉快、不美丽，那么看见的所有的人、事、物也都是丑陋的。

饭前洗手、饭后漱口也很重要。我们从外面回来要把手心、手背、手指间洗干净，而且要以清水漱口几次，才可以和孩子、配偶拥抱，亲亲面颊。在外接触污染的空气和细菌的机会较多。不论预防什么病，像感冒、疱疹等，洗手、漱口都是最基本、最有效的预防措施。

## 饮食营养有门道

至于饮食营养之道，人们说，每天至少要喝八杯水。一杯水到底是多少呢？大约是250毫升多一点。其实不一定要喝满满8杯，更不需要计时计秒，我们知道，清水对身体新陈代谢、体液循环、排泄废物、体力恢复等都极有帮助，所以就应轻轻松松、快快乐乐地去喝，这是最便宜又最重要的保健习惯。每个人体质不同，对水的需求量也不一样，尤其有肾病的人不能喝太多的液体，所以不能硬性规定每人每天喝几杯。人体中水占70%，充足的水分与我们生命的运作息息相关。

我们可以在临睡前把约1 000毫升（约四杯水）的水装在瓶子里，早上起床后的一两个小时，也是最口干的时候，抽空把这一瓶水喝完。其他需要补充的水白天喝汤、饮茶、吃水果等就可以补充。喝这么多水，上卫生间的次数就多了。只要卫生间不远，身体内的废物排得越多越好，多跑跑厕所，增加运动量，也是很好的。

除了清水之外，国际上公认至少有六种较好的保健饮料：

（1）绿茶。绿茶中含有抗癌、降低血脂的成分，可减肥，又能坚固牙齿，预防蛀牙，增加血管的韧性。

（2）红葡萄汁。红葡萄皮含有抗氧化剂，可延缓衰老，降血压，降血脂，预防心脏病。

（3）红葡萄酒。红葡萄酒可以促进血液循环，也是保健品之一，但是每天饮用不要超过100毫升。

（4）豆浆。豆浆能降低“坏的胆固醇”，增加“好的胆固醇”，有助心脏和血管的健康。另外，豆浆还可减轻妇女更年期症状，降低患乳腺癌的概率，饮用时最好购买含钙的豆浆。

（5）酸奶。酸奶或酵母奶能促进对身体有益的细菌的生长，抑制对身体有害的病菌。

（6）骨头汤。骨头汤所含骨胶可使人延年益寿，可增加身体所需要的钙质，每个礼拜至少炖两三次。蘑菇汤可以提高免疫功能，每个礼拜喝两三次也不错。

食物方面，谷类、豆类、菜类这三类食物是亚洲人饮食的基础，这样的日常饮食结构被称作“亚洲金字塔”。玉米、荞麦、大麦、燕麦是富含纤维素的保健谷类。黄豆和大豆在保健食品中首屈一指，熟黄豆里含的酵素可刺激胰岛素分泌，减轻糖尿病的症状。除了上述豆浆的好处外，黄豆尚有恢复肝功能、预防人体里氧化铁和自由基结合引起肿瘤等效用。

菜类中许多青菜都是保健食品，最好吃新鲜蔬菜。

各种食物和饮料营养不同，所以各类食物都要吃，不可偏食。饮食是上天赐给我们的一种需要、一种享受，若是暴饮暴食，或因为无知而导致营养不良，便是辜负了上天的美意。所以，饮食方面应满足身体所需，适度，不挑食。食用青菜、水果的原则是“多彩多姿”“秀色可餐”。也就是说，蔬菜水果的种类、烹调方式，越多样化越好；食材越新鲜，颜色越鲜艳，所含营养成分越多，也就越美味。

肉类含蛋白质、脂肪，是身体所需能量的来源之一。年幼、青春期孩子的食物应该包括肉类。年纪渐长后可减少食用动物性蛋白质和脂肪，逐渐以植物性脂肪和蛋白质取代。鱼、虾的蛋白质比猪、牛肉容易吸收，油脂也比较少。但是虾的胆固醇比大多数鱼类高，胆固醇高的人要注意。鸭比鸡好吃，但是鸭比鸡的脂肪含量多，且尿酸较高。有的人因宗教或私人的原因吃素，这是个人意愿，可是一定要注意均衡摄取各类食物。不要强迫青少年吃素，肉食能帮助强健体格。

无论什么年龄，上面所提到的谷类、豆类、菜类保健食物，都是越早开始且越经常吃越好。请记住：养成亚洲食物金字塔的饮食习惯对任何年龄的人都适用。

我们华人见面常问："吃饱了没有？"那么，吃多饱才算健康？中医说得有道理："若要身体安，三分饥和寒。"所以吃饭不要过饱，七八分就可以；穿衣服也不要过暖，要合适，略有凉意。"食不过饱，饮不过多，冬不急温，夏不急凉。"这是经验之谈，大人、小孩都适用。

## 心理健康需重视

身体、心理的健康对一个人同样重要，这就是我们要花时间讨论全人保健这个主题的原因。心理方面又可以细分为知识、智能的长进及人际关系的维护这两个方面。

与人相处和谐双赢，对心理健康很重要。别人对我的态度如何，我无法掌握；我要对别人怎样，则完全在于自己的决定。用冷静的头脑、客观的态度，以敏锐的观察力和坚强的毅力，来剖析所遇难题，是苏文博所创造的"寒月刀"。虽然有效，但容易造成伤害及摩擦。必须配合使用他更多强调的"煦阳剑"，即以温煦、鼓励、和善的方式消除别人的自卑、敌意或焦虑。不要锋芒毕露，"精诚所至，金石为开"。智慧运用"煦阳剑"和"寒月刀"，是与人和谐共处双赢的良好保健习惯。

生气是人的自然反应之一，没什么不好。但大发雷霆，对自己、别人的心理及生理都会造成损伤。内心满是喜乐与平安，是一个人的福气，也是应该追求的目标。快乐是在对自己有利、愉快的情形下所产生的心理反应。真正的喜乐，不仅是拥有一种乐观的情怀，而是能在面对艰难痛苦或遭遇迫害的情况下，仍从内心唱出乐歌。真正的平安不是万事顺遂时的感觉，乃是对一个绝对可信赖的对象所产生之信心。

我们有感情意志，需要寻觅人生的意义和归宿。从永恒的角度来看，心理健康可说是全人保健中最重要的一环。

· 《全人保健，持续实践》，苏文博著，国际真爱家庭协会、天恩出版社联合出版，2012年。

· 请列出身、心、灵的健康目标，并思考如何达到这些目标。

长青
谈心园

1. 你想培养哪些良好的健康习惯？
2. “亚洲金字塔”的底层基础是由什么食物构成的？你可以在哪些方面增加这几项的摄取量？
3. 你如何维护心理健康？“寒月刀”和“煦阳剑”如何并用？

见证分享

# 每天走路半小时

整理自黄胜雄医师演讲稿

“我妈妈今年已经90岁了，不仅能走能跑，脑筋还好得很。有她当榜样，我当然也要活过90岁才行咯！”花莲门诺医院暨相关机构总执行长黄胜雄生性乐观，虽已年过七旬，却从不觉得自己老，每天仍像个年轻小伙子，活得很带劲。黄胜雄早年在美国匹兹堡大学医学院任教，是享誉美国的脑神经外科专家，还是美国里根总统当年指定的随行医师，年薪超过百万美元，可谓功成名就。

15年前，他感动于花莲门诺医院前院长薄柔缆“美国很近，花莲却很远”这句话，毅然放弃一切，像条回游的鲑鱼，返回故乡，到后山接掌门诺医院。

这些年来，他不仅要为医院的长远发展而四处奔走募款，还要为脑部创伤病患动手术。他往往在手术台旁一站就是十几个小时，没有过人的体力根本办不到。当有人问他保持充沛体力的方法时，他笑得很灿烂：“很简单，只要一直走，一直走就行了。”这些年来，他每天清晨起床后，就到附近校园的操场“慢走”三四十分钟，回家冲个澡，吃过早餐后，再出门上班。顾名思义，“慢走”就是慢慢地走，不求速度，也不在意距离，能走多远就走多远。长期走下来，黄胜雄也“走”出了心得，每次出门走路都走到微微冒汗的程度，心跳则高出平日水平三成左右。也就是说若平日心跳为每分钟70次的话，就走到每分钟心跳90次上下，既可达到运动效果，也不至于对身体造成太大负担。

如果觉得早上走得不过瘾，晚上下班回家，吃过晚饭后，换上轻便服装，他还会再出门走几圈。碰到下雨天哪里也去不了，他就跳上跑步机，把一天的运动量补齐。运动量不大，坚持下去却很见效。

黄胜雄曾算过，每次出门慢走一趟回来，大约可消耗热量200大卡，虽不多，长久下来却相当可观。为了检视运动成果，每次回家冲过澡后，他就站上磅秤，只要超过身体质量指数（BMI）的正常标准，接下来的几天里，他就从日常饮食中变花样，少吃高热量食物，务必将体重拉回正常范围内才行。

“这真是斤斤计较！”黄胜雄认为，在美食面前，大多数人都把持不住，结果饱餐一顿下来往往也给健康带来一些负面影响，唯有坚持正确且健康的饮食原则才能永保安康。结果他逐渐偏向食素，但在台湾吃素容易缺铁，因此他选择“方便素”，只吃一点点红肉，多吃鱼类及蔬果。

黄胜雄说，这几十年来，他接触过的中风患者不知凡几，深知中风对个人及家庭、社会的伤害。所以，他特别在意血压及血脂的升降，每天慢走并尽量吃素，不让中风等急重症有可乘之机。

常保乐观心，赶走自由基。黄胜雄认为，还要常保一颗乐观的心，因为唯有敞开心胸，才可以减少自由基对健康的威胁，“不要说90岁，长命百岁也没问题”。

黄胜雄表示，自由基无处不在，看似难以对付，但只要生活有规律，不暴饮暴食，不抽烟，不酗酒，养成规律运动的习惯，自然能将这个危害健康的因子压到最低。但他强调，健康不可能不劳而获，一定要有实际行动再配合坚强的意志力才行。

（2009年）

# 5 预防胜于治疗

本章将依序讨论抑郁症、阿尔茨海默病及癌症这三种老年人常见病的预防之道。

## 抑郁症

联合国世界卫生组织认定，新世纪的三大疾病为癌症、艾滋病和抑郁症。根据统计，自杀人口中97%生前罹患精神病症，其中以抑郁症居多。抑郁症中较为严重的重度郁症（major depression）终生盛行率为15%～19%，好发于30至50岁之青壮年。

世界卫生组织指出，21世纪影响人类健康及医疗支出之重要疾病包括心血管疾病和抑郁症。

抑郁症患者不但个人身历其苦，还会累及家人及亲友，因此抑郁症是值得每一个人深入认识、了解的疾病。

一般抑郁症终生盛行率为15%～19%，其中女性患者居多，约为男性的两倍，平均发病年龄为40岁。高龄人口的抑郁症盛行率高达25%。

## 一、抑郁症的发病机制

生物学病因理论认为，抑郁症是由一种大脑传导物质“单胺”（monoamine）缺乏所致。早年的抗高血压药利血平（reserpine）可引发抑郁症，这种药可减少脑部去甲肾上腺素（norepinephrine）的功能，即所谓的“儿茶酚胺假说”（catecholamine hypothesis）。此理论设想大脑内部的某种内分泌机能可稳定一个人的情绪。

最近一二十年流行的“百忧解”（氟西汀）类抗抑郁症药，是根据5-羟色胺（serotonin）功能不足的想法而研发的。5-羟色胺已被证实和人们的情绪障碍有关。抗抑郁症药物在大脑内神经细胞传导时发挥作用，增加这些物质的机能。这些药物从开始服用到真正见效需二到三周。研究学者认为，遗传和体质、早期创伤、成长经历以及面对压力的因应处理情形等多重因素都是造成大脑生理变化的主要原因。

## 二、抑郁症如何诊断

抑郁症的五大核心症状为，忧郁情绪、负面思考、缺乏快乐感受、精力下降及反应迟钝。

抑郁症常见临床症状如下：

（1）情绪症状：特殊性质的抑郁或不悦，已引起社会功能障碍，且持续两周以上。

（2）生理症状：睡眠减少，食欲降低或增加，性欲减退。

（3）认知症状：注意力不集中，挫折忍受度降低，记忆力减退，思考负面、扭曲。

（4）冲动症状：控制能力受损，有高自杀倾向。

（5）行为表现：机动减少，兴趣降低。

（6）身体症状：头痛、胃痛、肌肉紧张等。

## 三、抑郁症可以治疗

抑郁症的治疗方式有药物治疗、心理治疗、光照治疗与电痉挛治疗（电疗）。针对轻度至中度的抑郁症，可先尝试心理治疗措施。心理治疗与药物治疗或其他治疗配合，对有重大社会心理因素、人际关系问题、人格违常或服药顺从度不佳的抑郁症患者可获得较好的疗效。药物治疗加上心理治疗效果不佳时，再选择电痉挛治疗。对于出现精神病症状，有强烈自杀意念等急需改善症状，或是难以忍受药物不良反应的抑郁症患者，电疗其实是一种迅速有效的治疗方法。电疗常被人误解，经常和“处罚”患者的不人道行为画上等号，接受度不高。光照治疗副作用小，值得开发，适合中老年抑郁症患者。药物治疗需8周，电疗需10次，光照治疗3周才能显现疗效。抗抑郁药需要维持有效剂量，不能轻易减量。

心理治疗包括专业的心理及认知行为治疗。另外，家人与朋友应接纳抑郁症，清楚这是一种可以治疗的疾病，来自亲友的关怀与支持是患者康复的重要力量。

## 四、抑郁症为有自杀倾向的前兆之一

情感性障碍患者（包括抑郁症及躁狂症患者）的自杀率是一般人的30倍。抑郁症患者有15%的自杀死亡率。

高龄者、男性自杀危险性较高。在婚姻中有小孩可能是自杀的保护因素。华人中，男性自杀率低于女性。致命三角——自我痛恨、极度焦躁、智力及视野受限窄化的人易自杀。“面子”问题可能是自杀的原因之一。抑郁症住院患者出院一个月内自杀危险性较高。

抑郁症患者的自杀率很高。据统计，有50%的自杀者在自杀前一个月曾经求医协助。尽早辨认出具有潜在自杀危险性的患者，进行早期医疗介入及追踪，积极治疗与防范，是预防自杀的不二法门。

与精神病、精神分裂症等相比，抑郁症是较能被一般人接受的精神科疾病。防治抑郁症不仅可以减少医疗资源与社会生产力的损失，还能挽救无法估计的人性损失。

## 蓝色的老年生活

抑郁与恐惧有时会静悄悄地来到老年人的生活中，心理学家称之为老年抑郁。老年抑郁症往往隐藏在身体其他不适症状中，有时很难辨别诊断。台湾地区最近的一项调查结果显示：72.1％的老人有老年抑郁症状，其中3.5％曾想要自杀。该项报告显示，老年抑郁症多以抱怨身体欠佳为主要临床表现，如家人未能适时判断并及时送医，对老人慢性病的治疗与预防都有不良影响。

由于一般内科与非精神科医师在门诊中未能警觉老年人的隐藏式抑郁症状，约有50％的老年抑郁症患者在门诊中被忽略。

根据此项调查结果，在老年抑郁症的九项症状中，睡眠障碍症状所占比例最高（47.2％），其次为注意力不能集中或反应迟钝（39.8％），其余依次为易疲劳、悲伤、失意或情绪低落，对平常喜欢的事物丧失兴趣或乐趣，觉得自己毫无用处而有罪恶感，坐立不安，行动缓慢，胃口或体重改变，想到死亡，想要自杀或曾试图自杀。平均每位老人有1.9项抑郁症状。这项调查的结果还显示，年龄越大的老年人罹患抑郁症的数量越多，抑郁症是亟待重视的疾病之一。

自杀已进入台湾十大死因之列，因此不可再忽视自杀的防治。患者在选择轻生之前常会以身体不适求诊，如能诊断出抑郁倾向并给予适当治疗，可减少不幸事件的发生。

造成老年抑郁的因素非常多，如生理疾病增加、大脑老化和遗传；在心理上，缺乏社交活动、孤独、失落、贫困、自尊心低落、自理能力减退等都是造成老人闷闷不乐的原因。许多因疾病被迫提早退休的人（特别是男性）会因为再也无法从工作中肯定自己的价值而自怨自艾，觉得活在世上了无生趣。

## 阿尔茨海默病

阿尔茨海默病（alzheimer disease，AD）的最大危险因子是年龄。美国前总统里根与英国前首相撒切尔夫人虽然曾贵为政治元首，也无法幸免于老年失智。60岁以上老人约1%患有阿尔茨海默病，之后每增5岁，患病率就增加1倍，到了80岁，就有将近二成的人罹患阿尔茨海默病。如果能将发病年龄延后5年，则患病人数将减半。

阿尔茨海默病目前尚不能根治，但从其危险因子着手可延后发病年龄，甚至避免发病。

下面介绍生活健脑的一些方法，拒绝与失智共舞。

## 一、健康食物金榜

（1）每天吃富含抗氧化成分的蔬果，如菠菜、花菜、地瓜等，可使记忆衰退减缓40%。苹果汁与治疗阿尔茨海默病的药盐酸多奈哌齐（Aricept）的成分相同。

（2）每天吃一个苹果或喝两杯苹果汁（每杯230毫升）。实验结果证实，喝苹果汁可增加记忆和学习速度。多喝各种果汁可降低76%得阿尔茨海默病的可能性。

（3）天天吃莓果（berries）可预防身体及脑细胞老化。莓果可活化脑细胞，实验证实其可增强记忆、平衡和运动能力。

（4）巧克力可促进脑部血液循环。每天喝两杯可可饮料，两周后脑血液循环将增加10%。

（5）肉桂（cinnamon）可增强胰岛素在体内的功效，活化脑细胞，降低血液中的三酰甘油及胆固醇。

（6）咖啡好处多，每天三至五杯，20年后失智率可降低65%。

（7）多吃咖喱。印度人常吃咖喱，印度是世界上失智率最低的国家。实验结果也显示咖喱有助保持记忆力。

（8）试试“得舒饮食法”，即抗高血压饮食（dietary approaches to stop hypertension，DASH）。建议饮食低油

低盐，多吃蔬菜、全谷类食物、坚果与豆类。抗高血压饮食有助保持记忆力，提高记忆测验分数。

（9）多吃鱼类。鲑鱼、鲔鱼、鲭鱼、沙丁鱼、鲱鱼等可以活化记忆，因为鱼油可预防阿尔茨海默病。每星期至少食用二至三次，失智率可下降20%～40%。

（10）地中海饮食，如蔬菜、橄榄油及少量红酒，可降低50%患阿尔茨海默病的概率。

（11）多吃杏仁、核桃等坚果可预防阿尔茨海默病。

（12）多喝茶，记性好。

## 二、注意事项

（1）快餐及垃圾食物中大量的多不饱和脂肪酸（Omega-6）会破坏身体及脑细胞，导致脑细胞的炎症及死亡。

（2）注意食物的血糖生成指数（糖分吸收快慢指数）。如糙米、全麦面粉可预防脑细胞老化。糖尿病患者患阿尔茨海默病之概率比平常人高出61%。

（3）控制摄入饮食的热量。

（4）认识食肉过量的危险。食肉太多易患阿尔茨海默病。

（5）少喂大脑吃糖。动物实验结果显示，高血糖导致β-淀粉样蛋白（β-amyloid）增加三倍。β-淀粉样蛋白是引起阿尔茨海默病的罪魁祸首。

6. 平常喝少量啤酒（每天不超过340毫升）对脑细胞有益，可活跃脑细胞，失智概率比滴酒不沾的人低37%。

## 三、过犹不及——慎选营养补充剂

（1）每天服用200克α-硫辛酸（Alpha-lipoic Acid）、500克乙酰左旋肉碱（Acetyl-L-Carnitine），可使老化的大脑恢复活力。

（2）远离“坏胆固醇”——低密度脂肪酸（LDL），会刺激体内β-淀粉样蛋白的合成，导致老年阿尔茨海默病。

（3）多吃富有维生素B的食物，如蛋、花生、腰果、杏仁、鱼、虾、菠菜、花菜，可增强记忆力。

（4）远离破“铜”烂“铁”。50岁以后，摄取过量的铜和铁会损伤记忆细胞。

（5）避开环境毒素，如空气污浊的环境、汽车尾气、杀虫剂、清洁剂、塑化剂等。

（6）了解雌激素（estrogen）的功效。雌激素可预防脑细胞老化，并有助于神经元（neuron）的新生。

（7）叶酸（folic acid）可让“时光逆转”。每天服用400毫克叶酸，三年后，脑年龄年轻5.4“岁”。

（8）增加“好胆固醇”——高密度脂肪酸

（HDL），好胆固醇太低会使人记忆力减退。

（9）保持体内正常的胰岛素（insulin）水平，不正常或低水平胰岛素会给脑细胞造成危害。

（10）避免缺乏瘦素（lepton，抑制食欲的荷尔蒙）。血液中高瘦素的人患阿尔茨海默病的概率低。

（11）服用综合维生素可延缓衰老。要摄取足量的维生素$B_{12}$。缺乏维生素$B_{12}$，患老年失忆症的概率增加约4倍。不要忽视维生素D。研究结果显示，缺乏维生素D，出现认知障碍的风险增加42%；严重缺乏维生素D者，则增加约4倍（394%）。

（12）服用烟碱酸（niacin）。加利福尼亚大学欧文分校动物实验结果证实，烟碱酸可增加短时和长时记忆。

（13）“尼古丁”贴片。如有轻微认知障碍者可试用“尼古丁”贴片，但切记不要吸烟。

（14）对非甾体抗炎药物（NSAID）要小心，并没有统计结果证实其可预防阿尔茨海默病。

（15）服用他汀类抗血脂药物也应多加小心，降血脂药物是否有益于预防老年阿尔茨海默病，结论尚不清楚。

## 四、来自医生的叮嘱

（1）老年人除非不得已，尽量避免接受全身麻醉。

（2）下肢血液循环是脑部血液循环的指标。下肢循环指数低的人，八年内失智率高出57%。

（3）不必完全回避抗生素。如有必要服用抗生素，应按照医生的指示服用足够的疗程。

（4）认识载脂蛋白基因（ApoE4）。每四个人中，有一人带有这一基因。有这种基因的人患老年失忆症的概率比没有这种基因的人高3～10倍。

（5）练习单脚直立，可减少罹患失忆症的概率。

（6）远离令脑细胞萎缩的因素，如酗酒、超重、营养不良、失眠、熬夜。多参加有氧运动、社交活动，学习新东西等。

（7）血压应控制在120/80mmHg以下，预防中风，控制血压，失智概率可减半。

（8）注意是否对谷类食物过敏（gluten allergy），记忆力及认知减退常与此有关。

（9）了解阿尔茨海默病的初期症状，以便及早诊断、及早治疗。

（10）视力良好可减少63%患阿尔茨海默病的可能性。

（11）避免头部外伤。头部外伤可导致阿尔茨海默病。

（12）善待心脏。损害心脏血管即是损害脑细胞。

（13）保持正常的同型半胱氨酸（homocysteine）水

平。这种毒素和心脏病有关，并可增加患老年失忆、中风的可能性。每年抽血检查即可。每天服用叶酸800毫克，$B_{12}$1 000毫克，$B_6$25毫克可降低血同型半胱氨酸水平。

（14）避免细菌感染。细菌或病毒可引发阿尔茨海默病。

（15）避免发炎。体内低度慢性炎症会破坏脑中的神经细胞，导致记忆力丧失及阿尔茨海默病。

（16）拒绝中年发福。体重与脑功能成反比，体重超重的人老年失智概率增加三倍，血管性失智（中风引起的阿尔茨海默病）增加五倍。

（17）治疗阻塞性睡眠呼吸暂停综合征（obstructive sleep apnea）。

（18）认识β-淀粉样蛋白（β-amyloid）。脑细胞传导信息时会释放β-淀粉样蛋白。如果所释放出的比排泄掉的多，就会囤积在脑细胞内，导致阿尔茨海默病。要减少脑细胞内β-淀粉样蛋白就要注意保证充足的睡眠，控制血糖，减轻体重。

（19）注重牙齿保健。不健康的牙龈会增加二到三倍患阿尔茨海默病的概率。

（20）检查甲状腺功能。过高或过低的甲状腺功能会使患阿尔茨海默病的概率增加两倍。

（21）小心老年人无故出现的体重减轻（太瘦也不是

好事情）。

## 五、养成健身习惯

（1）多运动。动得越多，如步行、游泳、跑步，脑细胞越灵活；强化肌肉，可减低61%患阿尔茨海默病的概率。

（2）郊游、爬山、逛植物园等活动可活化脑细胞。在郊外活动比在市内活动更有助于增加短时记忆。

（3）控制腰围，腰围大小显示内脏脂肪的多少。

## 六、常做心灵运动

（1）加强认知储存（cognitive reserve）。别让大脑闲着，尝试新事物，学习新语言，提高生活技巧，多参加社交活动，加强认知储存能力。

（2）保持良知（conscientious）。诚实善良和身心愉快的人患阿尔茨海默病的概率可减半，其发病时间也相对延后。

（3）治疗抑郁症。患有抑郁症的老人，其失智率会加倍。

（4）随和、乐观活泼、外向的人患阿尔茨海默病的概率比悲观的人少一半。

（5）活到老，学到老。专心阅读可活化脑细胞。低教育程度者患阿尔茨海默病的可能性为高教育者之四倍。

（6）参加社交活动、读书会，旅行，看电影，听音乐会，跳舞等，有助于活化脑细胞。

（7）经常上网可刺激脑细胞。统计显示，老年人玩计算机游戏可增强记忆力及认知能力，年轻人则无差别。

（8）注意新信息。

以下为防治阿尔茨海默病之网站及链接：

- The National Institute of Aging
  http://www.nia.nih.gov/
- The Alzheimer Research Forum
  http://www.alzforum.org/
- Alzheimer’s Disease Centers
  http://www.nia.nih.gov/alzheimers/alzheimers-disease-research-centers
- 小小神经科学
  http://www.dls.ym.edu.tw/neuroscience/alz_c.html
- 台湾阿尔茨海默病协会
  http://www.tada2002.org.tw/
- 维基百科“阿尔茨海默病”
  http://zh.wikipedia.org/wiki/%E5%A4%B1%E6%99%BA%E7%97%87

（9）有趣的工作可刺激脑细胞，降低发生老年失忆症的可能性。

（10）强化语言能力，活化脑细胞。童年开始学双语者，阿尔茨海默病的发生可延后四年（双语者75.5岁，单语者71岁）。

（11）避免独处、孤独。独处老人患阿尔茨海默病的概率加倍。拥有自己的社交圈，常与亲朋好友来往，脑病便无计可施。

（12）拥抱你的婚姻。拥有健康婚姻的人患阿尔茨海默病的概率减半。

（13）常默想。磁共振扫描（MRI）证实，静思有助于增加大脑皮质记忆区，让大脑更年轻。

（14）保持活泼的心智。用进废退（use it or lose it）。晚年多多动脑可降低失智率。学习新事物可使大脑年轻。20～50岁时身心活动不活跃的人，晚年失智率可提高2.5倍。

（15）有人生目标可减少得老年阿尔茨海默病的概率。

（16）每天要睡好。失眠是脑细胞的毒药。

（17）不要吸烟。吸烟将夺走好几年美好的记忆。如果有载脂蛋白基因，又吸烟、喝酒，会早十年患上失忆症。

（18）疏解你的压力。压力会增加体内肾上腺素含量。长期过量的肾上腺素会破坏脑细胞，并抑制新神经细胞的生成，导致记忆力减退。

## 认识癌症

癌症可怕，不懂癌症更可怕。这里将讨论对癌症应有的一些基本认识。

癌症不是突然发生的，而是像慢性病一样缓慢发展起来的。形成的原因也和现代人的生活形态有密切关系。

人体内的细胞、组织每天都在更新。细胞从复制、成长到分裂，是一个循环的过程。分裂时，难免会有一两个细胞遭到破坏或发生问题。通常每100万个细胞中会出现一个坏的或不正常的细胞。不正常的细胞可由体内（工厂）的基因调控系统或免疫系统（品管人员）加以修复或清除。不过，在某种致癌因子的作用下，不正常的细胞可在人体内留下来，慢慢生长，最后形成所谓的肿瘤。

从正常细胞到癌细胞有一个逐渐演变的过程，有时可长达数十年。从致癌因子促发到真正形成癌症，会有一段很长的潜伏期。想要预防、避免癌细胞在体内形成，要兼顾日常生活的七个层面：吃、喝、拉、撒、睡、心情、运动。

正常细胞是有用的，受体内自律系统控制，具有正常组织的生长功能，是一种平衡型细胞。

癌细胞则是无用的，不受体内自律系统控制，不具有正常组织的生长功能，比正常细胞分裂的速度快很多。

当细胞在正常分化过程中出了问题转变为癌细胞，癌细胞的增殖就会脱离控制。癌细胞在人体重要器官如肺或肝脏增殖时，会破坏器官的正常功能。失控的癌细胞会向周围的组织蔓延，随着血液、淋巴液向全身扩散，转移到其他器官。

## 一、癌细胞具有五种基本特性

（1）由正常细胞发生突变后形成。

（2）不受体内自律系统的约束。

（3）不受控制地繁殖。

（4）具侵犯性及蔓延性。

（5）破坏体内的新陈代谢、免疫系统及正常组织的功能。

## 二、生活中的致癌因子

随着医学界对癌症病因的了解，已有60%～80%的癌症可以通过预防来减低其发病率。

身体内部和外部的因素都可导致癌症。最基本的防癌、抗癌方法就是了解生活环境中各种可能致癌的因素，尽量避免接触。

美国哈佛大学公共卫生学院的伊扎提博士（Dr. Ezzati）在2005年发表的报告中，归纳了九大致癌因素。他认为，只要避免这些危险因素，全球每年死于癌症的人数可减少1/3以上。这九大致癌因素包括吸烟、酗酒、超重、蔬果摄取不足、不安全性行为、缺乏运动、都市空气污染、室内燃烧煤炭、注射针筒污染。

1. 吸烟

九大致癌因素中最可怕的杀手首推吸烟。吸烟在癌症死亡的个案中占30%。香烟燃烧时释放的焦油是一种致癌物质。香烟烟雾中含有大量的尼古丁、一氧化碳、亚硝胺、多环芳烃及一氧化氮等，这些物质会直接或间接致癌。

与吸烟有关的癌症如下：肺癌、口腔癌、舌癌、喉癌、食管癌、子宫颈癌、胰腺癌、膀胱癌、肾肿瘤、胃癌、肝癌、白血病（血癌）等。吸烟者患肺癌的概率比不吸烟者高出20倍，而且患其他并发疾病（肺气肿及心脏病）的机会也相对增加。

2. 不良饮食习惯

嚼食槟榔、喝酒、油脂摄取过量、纤维素摄取不足等均是不良饮食习惯。口腔癌患者中，85%有嚼食槟榔的习惯。酗酒和口腔癌、咽喉癌、食道癌、肝癌、直肠癌、胰腺癌及乳腺癌有关。一个吃槟榔又吸烟、酗酒的人患口腔癌的概率是正常人的123倍。

与油脂摄取量有关的癌症有乳腺癌、大肠癌、前列腺癌，其他如卵巢癌、子宫内膜癌、胰腺癌等也多少与油脂摄取过多有关。纤维素摄取不足与大肠癌的发生有关。纤维素分为可溶性、不可溶性两大类。可溶性纤维素能够减少脂肪的吸收，可降低血胆固醇水平。不可溶性纤维素可减少粪便在肠内停留的时间，稀释粪便中致癌物质的含量，加速排空粪便，减少致癌物质与直肠黏膜接触的时间。

3. 家族史

常见于家族史的有大肠癌、子宫内膜癌、胃癌、视网膜母细胞瘤及乳腺癌。家族性高危险人群必须及早开始筛检，如乳房X线摄影检查、胃镜及肠镜检查。若有家族病病史，最好在家族患者中最年轻患者年龄的五年或十年前开始每年定期做体检及癌筛检。

4. 癌细胞转移

细胞在分裂产生新细胞的过程中，有百万分之一的细胞因致癌物质（如紫外线）变成坏的或不正常的细胞。人体内免疫系统中的巨噬细胞（俗称杀手细胞）一旦发现就会将其消灭掉。但当身体的免疫系统不能发挥正常功能时，部分不正常的细胞便能躲过攻击，在组织内慢慢生长、蔓延。

一般来说，癌症刚发生时，应该是局部性的。不过如白血病、多发性骨髓瘤、非霍奇金淋巴瘤等，一开始就是全身性的。目前，人们认为乳腺癌其实是一种会蔓延至全身的疾病。在被诊断出乳腺癌的同时，大部分患者身上的其他部位可能已有转移的癌细胞。只是单个或几个癌细胞未形成肿块，仪器无法测出。

转移的肿瘤要0.5厘米以上才能被发现，但是0.5厘米的肿瘤内已经有上亿个癌细胞了。因此，多数乳腺癌患者在手术后，还要接受化学治疗、荷尔蒙治疗或放射治疗。

英文“Cancer”这个词也有“巨蟹座”的意思。癌细胞就像螃蟹一样，横行霸道。刚开始可能在某个器官内缓慢持续成长，然后渐渐侵犯周边组织，也可能随着淋巴或血液循环转移到别的器官或部位。

5. 倾听身体信号

2008年，台湾地区的癌症死因依序为肺癌、肝癌、大肠（结、直肠）癌、女性乳腺癌、胃癌、口腔癌、前列腺癌、子宫颈癌、食管癌、胰腺癌、非霍奇金淋巴瘤、胆囊及胆管癌、白血病、卵巢癌、鼻咽癌。

癌细胞刚发生时，体积太小，不容易被检测到，等长到1厘米时肿瘤组织内已聚集了十几亿个癌细胞。因此往往发现肿瘤时，已非早期。要早期诊断必须在症状发生前接受定期筛检，例如大肠癌、口腔癌、乳腺癌、子宫颈癌等，在中年以后定期检查，就能及早发现，治愈率可达90%以上。

癌细胞在局部组织内定居后就开始破坏该组织。如癌细胞出现在口腔黏膜，就会有白斑。胃肠道的肿瘤可能引起消化道出血，粪便带血或黑便。食管肿瘤会有吞咽困难的现象……因此，必须定期检查，及早发现，及早治疗。如定期做肠镜检查，腺瘤或息肉这些癌前病变如一经发现就切除，可预防癌细胞的生长。

乳腺癌方面，40岁以后除定期做乳房超声波及乳房X线摄影检查等筛检外，也应定期自我检查，仔细触摸是可以发现肿块的。

有些癌症，如肺癌，每年一次胸部X线摄影检查也不一定能发现。发现时，根据FIGO分期系统，大部分肺癌已是Ⅲ期，扩散了。

有些癌症因位于深部器官，看不到，摸不到，也没有明显症状，如肺癌、食管癌、肝癌、卵巢癌、膀胱癌、胰腺癌、胆囊及胆管癌、肾肿瘤等都属于内在器官癌，早期不易发现。

恶性肿瘤由于分化不成熟，生长比较快，无包膜，会破坏器官的结构和功能，还会转移，给身体带来极为严重的影响。

良性肿瘤分化较成熟，生长缓慢，停留于局部组织，通常有包膜，不会发生蔓延及转移，主要表现为局部压迫及阻塞症状，对身体影响较小。

良性肿瘤会不会转为恶性？理论上，只要确定是良性肿瘤，就不会转为恶性。不过息肉中有些是腺瘤，若不处理就有恶化的可能。如大肠内的息肉，小于1厘米的大部分为良性，大于1厘米就有癌变的可能。

6. 仪器检测效果

X线摄影、计算机体层摄影（CT）、磁共振造影在医疗上各有长处及限制，需针对病灶位置、组织特性以及邻近组织的关系来选择最适合的影像工具。另外，需考虑检查所需时间、辐射剂量、显影剂的不良反应及医疗成本等相关因素。

与X线摄影相比，计算机体层摄影可以看到更多、更小的肺部病灶，但受检者也会承受更多的辐射剂量。什么疾病用X线摄影，什么疾病需要用计算机体层摄影，应由医生经专业判断后再进行医患沟通。

正电子发射计算机断层显像（PET-SCAN），是将标记过的正电子放射性药物注射入人体内，再以正电子计算机断层显像仪进行全身扫描的检查方法。正电子计算机断层显像检查结合生物分子及解剖双重影像数据，可较准确、高效地检测出肿瘤。

目前最常使用的放射制剂是氟（$F^{18}$）标记的葡萄糖类

似物（$^{18}$F-FDG）。人体内代谢旺盛的细胞（如癌细胞）会吸收比正常细胞更多的氟（$F^{18}$）标记的葡萄糖。因此，用正电子计算机断层显像仪进行全身扫描即可发现肿瘤的踪影。

正电子计算机断层显像主要应用于肺癌、食管癌、淋巴癌、头颈部癌、乳腺癌、大肠癌、皮肤黑色素瘤、子宫颈癌、卵巢癌等的诊断，以及复发的检测和治疗结果的评估。

正电子计算机断层扫描除了可评估肿瘤本身，还可评估淋巴结是否被侵犯，是否有远程转移的情形，是目前评估肿瘤期别准确率可达90%的检查手段。

正电子计算机断层扫描并不适用于癌症筛检，这是因为敏感度越高的仪器越容易出现假阳性结果（False Positive），而发现异常现象则需要进一步做侵入性检查来确定诊断，这对绝大多数癌症筛检人而言，弊大于利。

有两种情形可能造成误诊：第一，医师专业能力及个案质量的问题；第二，没有依循标准程序作业。

在临床治疗中，发生延误的原因可能是患者的鸵鸟心态——不敢面对癌症。再者，台湾罹患结核病的人很多，初期肺癌病灶常常被误诊为早期肺结核留下来的纤维化结节，直到症状较严重才作出诊断。有些癌症如胰腺癌，X线摄影或超声检查不一定有清楚的结果，因此胰腺癌被发现时大部分都处于癌症末期。

如果X光或计算机体层摄影时出现可疑阴影，为了避免延误病情，降低误诊率，患者一定要遵照医生指示，按时复诊检查。

在此要提醒读者，有关压力导致癌症的说法并没有科学依据。20世纪初，几乎人人都相信压力会引起癌症。到20世纪50年代，经过系统且大规模的癌症研究后，发现并没有证据支持心理压力会导致癌症。从研究结果来看，压力确实会促使免疫系统功能降低，但绝不能断言“压力会导致癌症发生”。过度强调压力与癌症的关系，常会使人误信另类疗法。临床上，很多人相信所谓“身、心、灵”的另类疗法，而放弃了正规的医疗，希望通过寻求心灵的健康来治疗癌症，但结果往往令人失望。

肿瘤本来就具有多样性，少数病人可不药而愈。不过，病情到了一定程度，患者还是应该相信现代医疗技术，因为它有更好的科学根据来佐证疗效。追求另类疗法往往可能延误治疗时机。

7. 癌症筛检项目

国际预防医学专家根据循证医学达成共识，癌症筛检的基本检查项目如下：

• 血液检查。常规检查包括血细胞计数、梅毒血清检查、餐前血糖、血脂肪、肝肾功能、电解质等。

• 免疫学检查：乙型及丙型病毒性肝炎、甲胎蛋白（AFP）、甲状腺功能、癌胚抗原（CEA）、前列腺特异抗原（PSA）并配合肛门检查（即使PSA正常，也有25%的男性罹患前列腺癌）。国际妇科癌症专家经过多年的临床研究发现，定期检查卵巢癌肿瘤标记癌抗原125（CA125）并无法早期检测卵巢癌，故不推荐以此用于卵巢癌之筛检。

• 尿液及粪便检查。这项检查包括尿液常规及显微镜检查，以及粪便常规及粪便隐血试验。

• 影像学检查。这项检查包括胸部X线摄影（含正面及侧面），上腹部超声（肝、胆、胰、脾、肾脏等）检查，乳房X线摄影（40岁以上女性）。

• 胃肠内镜检查。这项检查包括上消化道内镜（食管、胃、十二指肠），下消化道内镜，肠镜检查（肛门至盲肠接口）。

• 内科检查。

• 耳鼻喉科检查。

• 妇科检查及子宫颈涂片检查。

• 眼科检查。

• 心电图检查。

根据受检人的特殊家族病史，可考虑下列检查：纤维鼻咽镜、骨密度、乳房超声波、幽门螺杆菌、颈动脉超声

波、心脏超声波、心血管计算机断层扫描、24小时动态心电图等。

8. 癌症预防

致癌因素繁多，但若能了解各种致癌因素，避免摄取致癌物，则可降低癌症发生率。均衡的饮食、充足的睡眠与休息，适当运动，保持身心愉快，定期体检及自我检查，才能收到预防胜于治疗的效果。

在可控制的致癌因素中，饮食占35%，吸烟占30%，酒精占3%。也就是说，约75%的癌症和饮食习惯及吸烟有关。

目前我们知道，可通过改变饮食来预防的癌症有食管癌、胃癌、大肠癌、乳腺癌、肺癌和口腔癌等。癌症的成因复杂，但是均衡饮食可提高身体的免疫力，对预防癌症是有所帮助的。

以下饮食习惯可以防癌：

•饮食均衡，多吃天然、新鲜的食物。

•增加纤维素的摄取。

•减少脂肪的摄取。

•避免食用通过硝酸盐保存的肉类，如香肠、火腿等。

•避免食用添加色素的食物。

•避免食用由聚氯乙烯的塑料膜或容器储存的食物。

- 洗清蔬菜、水果上的农药。
- 改善不良生活习惯。
- 不吸烟，拒吸二手烟（肺癌）。
- 不嚼槟榔（口腔癌）。
- 避免过度在阳光下曝晒（皮肤癌）。
- 单一性伴侣（子宫颈癌）。
- 减肥（乳腺癌及子宫内膜癌）。

9. 癌症 = 绝症?

过去三四十年来，医学的发展突飞猛进，癌症的治疗已有可观的成就。目前，初期癌症患者接受正确治疗后，90%以上的患者有痊愈的机会。在美国，癌症患者的平均5年存活率已接近70%。

中国台湾的癌症医疗技术在过去二十多年中虽有很大的进步，但各医疗院所的质量参差不齐，民众因对癌症的认识不尽正确而延误病情或不当治疗，导致疗效不彰。有些患者不愿遵照医生指示，放弃寻求正当医疗的机会，误信偏方，失去治疗机会，导致台湾地区癌症的病死率偏高。

根据台北和信治癌中心的统计，该院早期癌症患者中有90%完全治愈，包括乳腺癌、肝癌、肺癌、结肠癌、直肠癌、口腔及咽喉癌、鼻咽癌、子宫颈癌、胃癌、前列腺癌、甲状腺癌等。因此，早期诊断，接受正确治疗，癌症

将不再是绝症。

怀疑自己患病该怎么办？第一步是找医师做全面的身体检查。如果诊断出癌症，可选择一家专业医疗机构进一步咨询。确诊为癌症后，再确定癌症类别及期别，谨遵医嘱。

**长青图书馆**

· 《失智可以预防，生活健脑100招》（*100 Simple Things You Can Do to Prevent Alzheimer's*），珍·卡波儿著，张水金译，时报文化出版社，2011年。

· 《癌症大秘密》，和信治癌中心医院医事团队著，如何出版社，2010年。

· 《生命的轮轴继续转动》，叶英堃、王子哲主编，台北西区扶轮社出版社，2005年。

**长青行动场**

· 请在接下来的一个月选择改变一项饮食或生活习惯，目的是抗忧、健脑、防癌。

**长青电影院**

· 《明日的记忆》，日本影片，2007年。影片描述了中年罹患阿尔茨海默病的丈夫与不离不弃的妻子在生活、社交与心境各方面调适的故事。这部影片让人们在身体的衰退中看到生命仍然在延续，在困境中看到希望。

· 《姐姐的守护者》（*My Sister's Keeper*），美国影片，2009年。为了拯救患白血病的大女儿，母亲生下妹妹为其骨髓配型。

**长青谈心园**

1. 你是否曾出现过抑郁症症状？如何寻求帮助？
2. 进入晚年后，你如何避免恐惧、焦虑、抑郁等负面情绪？
3. 你如何在生活中积极健脑，预防失智？
4. 请分享自己或亲友与癌症奋战的经历以及自己的体会。
5. 请评估自己目前的饮食或生活习惯。你可做何改变来促进身心健康，预防抑郁症、阿尔茨海默病及癌症？

第三部分

# 长辈家庭生活篇

多体恤，多同理，干戈可以化玉帛；
爱与尊严待长辈，老人是宝贝。
常回忆，常感恩，小事也应当珍藏；
少年夫妻老来伴，互相搀扶心浪漫。

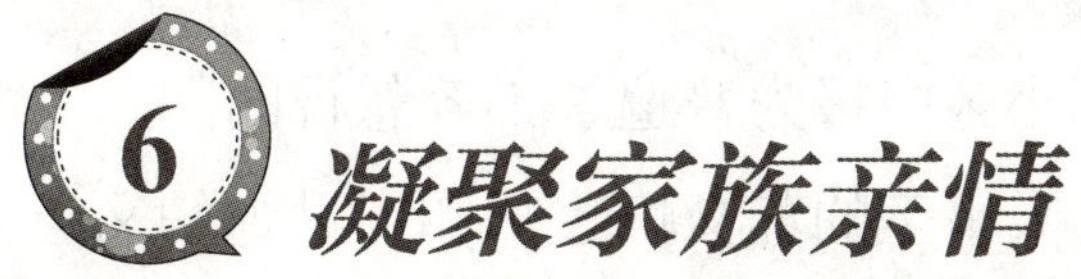

# 6 凝聚家族亲情

老人退休后与子女相处机会增加，有些互动问题就会浮出水面。由于篇幅限制，本篇仅就婆媳之间及子女与长辈之间的相处问题略加讨论。

## 化干戈为玉帛的婆媳关系

《真爱杂志》第12期（2003年12月）上发表了对婆媳问题有精湛见解与分析的文章。本章节录许芸执笔的话题，其完整内容请上真爱家庭协会网站（familykeepers.org）阅读。

婆媳问题在华人文化中原是千古难解的。据多位家庭辅导专家及观察者指出，现代华人家庭的婆媳问题，呈现方式虽有不同，严重程度却犹胜往昔。尤以身在海外、婆媳同住者“战况”最为“惨烈”。虽然没有完整的统计数据，但只要环顾周遭，不难发现这已成为海外华人教会及小区中极为普遍、不容忽视的问题。多年从事海外中国学人事工的苏文峰牧师和当过媳妇又当了婆婆的临床心理学家叶吴庆宜博士，针对“海外华人家庭婆媳问题为何如此严重”剖析如下：

•双方都很强势：现代的婆婆，尤其是从中国内地来到海外的，“女人能顶半边天”的意识很强，自主自立性也强。而移居海外的媳妇，自主意识比婆婆更是有过之而无不及。两个“女强人”共居一屋，一山岂容二虎?

•缺乏正确楷模：儿子媳妇一代，尤其是来自中国内地者，有相当一部分人并不是一直生活在父母身边，因而缺乏学习榜样，不知如何与长辈相处。一旦与上一代（而且是原无血缘关系的上一代）朝夕相处，自然状况百出。

•无法有效沟通：尽管老少两代妇女个人自主意识强，她们普遍仍不太愿意直接表达自己内心的想法，却期望别人能揣摩她们的心思，这就造成了沟通障碍。万一媳妇因出国日久，真的学会了西方人那一套“有话就说，不说就是没有意见”的作风，而婆婆仍维持传统作风，那么家中怎能不天天暗潮涌动?

•教养方式歧异：爷爷奶奶很自然对孙辈纵容溺爱，与媳妇的教养方式南辕北辙，小孩子天天看脸色、钻漏洞，婆媳不起冲突也难。

•期待获得回报：婆婆觉得她为儿子媳妇分担家务，

照顾幼儿，付出了许多心力、体力，理当得到的报偿就是晚辈尊重、孝敬她，采纳她的意见。

移居海外的华人择偶、成家、生子，当婆婆的喜得孙辈，兴冲冲地漂洋过海，与儿子媳妇团聚，期盼享受天伦之乐。然而，往往和乐的气氛没能维持多久便出现误会和矛盾。

婆婆觉得媳妇不孝又跋扈，媳妇觉得婆婆不可理喻。而身兼儿子与丈夫双重角色的男人，夹在两个至亲的女人当中，又该如何面对这些“剪不断，理还乱”的纠葛？是否有皆大欢喜的三赢之道？

## 恒久忍耐又有恩慈

以下是专家和过来人的建议，实践过的媳妇们均感效果非凡。

• 先建立牢固亲密的夫妻关系：夫妻双方在还没有达到默契前，宁可在家务与育儿上辛苦一点，也不要因缺乏人手而急着接婆婆同住。

• 多了解，多体谅：婆婆漂洋过海来到异乡，文化、环境、饮食等各方面的变化使其有很大的失落感和孤独感。媳妇应体谅她寂寞、恐惧、陌生与没有安全感的心理，善待她；带她参加小区活动，为她找到年龄、背景相近的同伴，帮助她交朋友。

• 接纳老人比较固执的事实：在非关重大原则的事上迁就婆婆，给她空间，尊重她原有的生活方式。若她的想法真有不妥之处，也要慢慢说服，不要争辩或顶嘴。

• 家庭活动不要落下婆婆：全家出去玩，要邀婆婆一起去，不要嫌她累赘。要鼓励老人家从事一些她有兴趣或能有所贡献的活动，让她觉得生活有意义、有期待。

• 心中常存感恩之心：若婆婆愿意分担家务，操劳日常琐事，不要视为理所当然，要真心感激；更要感谢婆婆养育了自己的丈夫。

俗话说得好："有关系就没关系，没关系就有关系。"这里有两层含义。第一，你若与先生有亲密的关系，就不会有先生被婆婆抢夺的不安全感，反而乐意让丈夫享受母子亲情。第二，若你与婆婆建立起亲如母女的情谊，有了小矛盾就很容易化解，而不至于产生隔阂或积怨。

## 快乐婆婆有新招

"自古以来都是当媳妇的要忍，可现在，我这当婆婆的却忍无可忍了！"来自上海现住在亚特兰大的婆婆贤珍说："媳妇虽有博士学位，在家里却既不会带孩子，也不会烧菜，更别说勤俭持家了。”

面对家庭辅导师，贤珍越说越来气：“我在家给他们带孩子，趁孩子睡觉的空档准备饭菜，一天忙下来，腰都要累断了。好不容易晚饭后喘口气，想与儿子聊几句家常话，媳妇就在一边拉长了脸，明摆着是嫌我霸占了她的丈夫。”

辅导师张张嘴想说话，还没吐出一个字呢贤珍又说开了：“我不是那种旧式婆婆，也是受过高等教育的。我们那年代，一样要上班，要做家务，三四个孩子都要自己带大。现在的年轻人，真被娇宠坏了。这还不说，常常我做好饭，抱着孙子等他们回家，他们却一个电话打来，说是临时有事，不回来吃晚饭了。你看这像不像话？在他们眼里我连个保姆都不如！”

珍爱家庭协会特约同工，在底特律地区执业的家庭辅导师顾韫女士说，上述情况在她辅导的案例中并不少见。显然，在不少与儿子同住的婆婆心目中，媳妇以女主人自居，而她们自己仿佛沦为听命干活的老妈子。

针对婆婆们的不平之鸣，顾韫女士和多位家庭辅导专家提出以下建议，希望有福气已当婆婆的朋友，身体力行。一分耕耘，一分收获，定会收到意想不到的效果。

• 想得开：要学习放手。孩子已长大成人，可以自己做决定了，作长辈的就要心甘情愿地把自己的角色由“家长”转为“顾问”。婆媳近距离长期相处，难免会有摩擦，家务小事，能忍则忍，不要太计较。要多往好处想，多看年轻人可爱的地方，体谅他们的压力。若实在觉得心里难过，也要以适当的方式表达出来。少插手孩子们的事情，对他们的决定少给“不请自来的忠告”。不要老用“想当年”来与现在的年轻人比较，更不要在外人面前说媳妇的闲话。

• 接受无法改变的事实：既然儿子选择了媳妇，婆媳关系就从此注定了，只要儿子喜欢，作婆婆的就要努力接受这个事实。有什么能比儿子、媳妇恩恩爱爱更能使家庭稳定和睦？若真是儿子、媳妇因着公婆的缘故分离，不仅老人家不能安享晚年，而且孙辈的健康成长也会受到影响。

• 将心比心：要了解母子之爱和夫妻之爱的呈现方式大不相同，因此不要把自己爱儿子的方式强加在媳妇身上。想想自己当媳妇时，不也希望丈夫多给自己一些时间、一些关心吗？设身处地为媳妇想想就会愿意让小两口有单独相处的空间了。

• 不要过于敏感：有时小两口免不了拌几句嘴，说些气话。身为婆婆的你，这时不要老认为争执必定因你而起，最好的办法是离开现场。对儿女的婚姻或对孙辈的教养问题过度干涉，不但没有帮助，反而会使问题恶化。

•长存感恩与爱心：不要认为媳妇把儿子夺走了，相反，要谢谢媳妇让儿子结束了漂泊不定的单身生涯，照顾儿子的生活，不辞辛劳生儿育女。常在儿子面前赞扬媳妇，话传到她耳朵里，媳妇一定会对你多一分敬重。人心都是肉长的，婆婆多疼媳妇一分，就等于在“情感户头”里多存一笔款，只要“存款”充足，偶尔有些小摩擦或误会，也不会导致太大的矛盾，彼此容易沟通和谅解。

•扩大生活圈：来到海外，生活环境改变，老朋友断了来往，再加上语言障碍，交通不便，会更觉孤独。因此，要学习自得其乐，参加小区活动、读书、运动、交友、种花莳草等，这样才不至于把所有注意力都集中在家里，事事操心，事事烦心。

## 夫妻二人成为一体

有个故事说，太太逼着先生表态，若是她与婆婆同时遭遇船难，先生是先救婆婆，还是先救妻子。先生被逼走投无路，负气地说：“我情愿自己先淹死！”

这则故事从某个角度而言，也许就是许多既为人子又为人夫者两难处境的真实写照。

孩子在成长过程中，父母不惜代价在孩子身上投资，希望他们出类拔萃。而退休后远赴海外与儿女共住，帮他们理家育儿，也无非希望他们能专心于事业，早日出人头地。

在华人的文化传统中，这些投资最后都变成了对子女的高期望，同时也是高压力。父母冀盼得到的回报不仅是金钱上的，更是情感上的。尽管孩子已成家立业，在某些父母眼里，他们永远是自己的儿子，应该按自己的意志行事。

对此，真爱家庭协会会长叶高芳博士强调，儿子结婚后不仅指身体上要成熟自立，更指心理上、经济上要独立自主，自己做决定，也能为这些决定的后果负责。夫妻是彼此生命关系中最亲密的人，其他的人伦关系不应凌驾于婚姻关系之上。唯有在这个前提下，夫妻同心经营与双方家人的感情才会获得最佳效果。

婚姻把两个来自不同家庭的人圈成一个新的生命共同体，也让两人周遭许多原本互不相识者产生了关联。若希望与姻亲建立良好的关系，首先必须认清对方的家人也是自己的家人，所以不要硬生生地划分“你妈妈”“我妈妈”，而应是“我们的妈妈”。

## 掌握优先顺序

生活在同一屋檐下的婆媳双方的确需要这位既为人子又为人夫的男人负起搭桥的责任，勇敢承担使双方和睦共处的使命。以下是对这位关键人物的建言。

• 夫妻关系摆第一：美国西北大学临床心理学家黄维仁博士提醒，先生若不能以“夫妻关系”为优先，而以“母子关系”为优先，则不但无法解决婆媳问题，反而极可能破坏原本不错的婚姻。

• 给妻子安全感：私下多称赞太太，关心太太，听太太倾诉，赢得她的心。如果你在太太的“情感户头”中存入100万元，太太看见你给婆婆5万元，她是不会嫉妒，也不会失去安全感的。

• 给妻子机会：帮助太太多了解自己母亲的背景和习性，以便能自如地“投其所好”。不要抢着当孝子，要把机会让给太太，让她去讨母亲的欢心。渐渐地，婆婆甚至会认为媳妇比儿子还孝顺体贴。另外，也要多设法让太太与母亲单独相处，增加她们彼此深入沟通的机会。

• 谋定而后动：若母亲有大事需要儿子帮忙，儿子宁可先私下与太太商量后，再以自己的名义回复，切忌答应之后又变卦。以“太太不同意”为挡箭牌，无异于把太太推到了母亲的对立面，今后可能花上十倍的力气也无法弥补裂痕。

• 勇于承担：婆媳有矛盾时，儿子被迫当倾诉对象，这时要学会多倾听，少发表意见，更不要偏袒某一方，或是一字不漏地来回传话。宁愿自己受点委屈，被误会，也不要让老少两代挚爱你的女人受伤害，这才是男子汉大丈夫应有的担当。

• 成为桥梁：若遇到婆媳间有严重误会必须面对面澄清时，切忌采取多一事不如少一事的逃避态度。要成为和平使者，邀她们一起坐下来，把问题摆到台面上来讨论，目的是有效沟通，消除误会，而非彼此斗争。

## 以爱和尊严照顾长辈

至于子女该如何照顾长辈，《真爱杂志》第7期（2002年10月）中方临天在《给他们爱和尊严》一文内有详尽记述，现节录如下。

谈到对年老父母的照顾，“住”是相当核心的问题。对身处“三明治阶段”（上有高堂、下有儿女）的中年人来说，年老父母的“住”已非“要不要面对”，而是“该如何面对”的问题。

多份老人问题研究报告均建议，中年儿女在安排年老父母“住”的问题时，有几个要素必须考虑：

• 父母的主观意愿：有人特别看重独立自主，有人则特别看重天伦之乐。

• 父母的健康状况：是可以完全自理生活，还是需要部分协助？或需要全面医疗护理照顾？

•兄弟姐妹的配合：如你有兄弟姐妹，手足之间对照顾父母能否互相协调、彼此支持？

•配偶是否愿意同心付出：尤其是儿子上班、媳妇在家的家庭，照顾老人的担子大部分落在太太肩上，这与女儿在家、女婿上班的情况截然不同。

•你的事业、家庭、居住状况：是否能给父母足够的时间与空间？

•父母的居留身份：父母是否已有居住国公民身份？是否已有资格接受政府医疗照顾？这是很现实也是许多人考虑是否将老年父母接来北美的关键因素。

专家提醒，中年和老年都是变化极大的人生阶段，以上种种因素随着儿女和父母双方主客观条件的变化，其优先级也在不断变化。儿女要冷静周详地评估各种情况，并慎重敏锐地体察父母明说或未明说的意愿，做出睿智的抉择。

## 出于孝心尽力而为

移民美国近二十年，住在纽约的王明明，早在1991年就帮父母亲申请到绿卡。当时从事慈善事业的父亲自觉身心健旺又工作兴旺，不愿到美国当“又聋、又哑、又盲、又瘸”（不会听、说、看英文，又不会开车）的“三等公

民”（等吃、等睡、等死），竟不顾王明明的哀恳苦劝，放弃了绿卡。

如今两老皆年逾八十，健康状况急转直下，小病不断，大病渐频。一有紧急状况，身为独女的王明明就万里奔赴，在台湾一住一两个月，虽说儿女已长大，但与先生一同经营的公司业务只好搁下。

即使如此，王明明仍觉得未能朝夕陪伴暮年父母是一大憾事，一两天就打一次越洋电话与老母谈心，为老父打气。问她往后有何打算，她说“只有走一步看一步了”。那无奈中蕴含着孝心的话，道出了许多身在北美、心系太平洋彼岸的中年儿女的无奈与心声。

## 家有一老如有一宝

住在南加州，今年51岁的张家正有六个散居美国、加拿大各地的兄弟姐妹。父亲早已过世，母亲年逾九十。母亲不宜旅行搬迁已有三年之久。七人议定，一人一个月，轮流住进大家合力为妈妈租赁的公寓照顾她。后来，七人都精疲力竭，母亲也因各人的不同“照顾风格”而烦躁不堪。

七人遂又开会，结论是母亲与一人固定同住较为实际可行。张家正主动承担重任。众人合资在他家加盖了套房，又申请到联邦及加州州政府补助的老人家务助理和医护助理。

问他接老母同住五年来的感受，身为虔诚基督徒的张家正笑着说：“掌握正确模式，善用社会资源，老母安宁，大家省力，兄弟姐妹反而更亲密了。至于我和我家，则得到了一位日夜为我们代祷祝福的守望者，这可是无价之宝呢！”

长青
图书馆

· 《家庭EQ》，林蕙瑛著，九仪出版社，1999年。
· 《璀璨人生》，俞葳著，荣神出版社，2001年。
· 《家庭社会学》，高淑贵著，黎明出版社，1996年。
· 《理智胜过情感》（*Mind Over Mood*），格林伯格等著，张忆家译，北京轻工业出版社，1987年。

长青
行动场

· 接下来一个月中，请选择一种增加公婆或媳妇“情感户头”“存款”的方式，并观察婆媳关系的变化。

长青
电影院

· 《有你真好》，韩国影片，2002年。影片中一个在都市生活的七岁小男孩心不甘情不愿地被未婚生子的妈妈送到乡下的外婆家暂时照顾，由此外婆与孙子产生了感人的情谊。

长青
谈心园

1. 如果你是媳妇，你和公婆的关系是否曾遇挑战？如果你是婆婆，你与媳妇的关系如何？
2. 从本章中，你是否学到可改变关系的方法？
3. 你对老年生活中“住”的安排有哪些要求与期待？如何达成？

见证分享

# 第二个母亲

张　梅[1]

幺女加上独生女，这个身份在我们家可特别了。在两个哥哥眼里，我集父母宠爱于一身。他们不是听到我父亲说“妹妹小你们这么多，让着她点”，就是听到我母亲说“别欺负妹妹，多爱爱她，不知她将来进到怎么样的婆家”……言下之意，他们担心我将来没好日子过。

## 爱是意志的抉择

这份挂虑是源于母亲爱的负担，还是流传着太多恶婆婆、坏媳妇的传说？时至今日，让人扼腕叹息的事实却是，在华人社会里婚姻最可怕的杀手之一，乃是“婆媳问题”。

这个问题临到我自己则是在1992年。那一年丈夫阎凯毅决定接父母来美国同住。我们这个成立了七年的小家庭开始做各种各样的预备工作。房间、家具倒是容

1. 作者张梅为真爱家庭协会董事暨会务顾问阎凯毅的夫人，育有二女，现定居南加州罗兰岗。

易，但心里那种诚惶诚恐的感觉很折磨人。我与公婆只见过一面，我紧张是因为家中要住进两位相当陌生的老人家，不知该如何与他们相处。

一天，凯毅慎重地对我说：你需要有心理准备，以后这个家里，你会变成唯一的外人。丈夫理性的话语，听在我的耳中，着实让我伤心了一阵。

仔细一想，凯毅的提醒是对的。就公婆而言，儿子孙女都是他们的血亲后裔，而我，作为媳妇，却不免担心是否能被接纳，是否相处融洽。

我当初接受这个“婚姻包裹”时，接受的是整个的凯毅及他所有的周边关系，我不能只要某一些，退回某一些。于是我暗自立志，不论婆婆是对我宠爱有加还是嫌弃在外，我还是我。媳妇这个角色，我决定全力以赴，用爱赢得婆婆的心。毕竟我们是一家人，我们共有一个爱的对象——她的儿子，我的丈夫。

没想到的是，婆婆以同样的心意先我一步，扮演起好婆婆的角色，引着我循迹而行，使我逐渐胜任媳妇这一角色。

**爱是赢得的**

凯毅和我曾计划不论儿子还是女儿都只生两个孩子。因此，当我剖宫产下第二个孩子时，就请医师顺便替我做了节育手术。医师一看又是个女孩子，就犹豫着不敢进行了，跑出手术房征询家属意见。

我的母亲也因为我没有替阎家生个男孩不赞成我做结扎手术，生怕我和凯毅将来会后悔。但是婆婆却不加干涉，她完全尊重我和凯毅的决定，并且连连说，母女平安就好，要感谢上天，孩子健康出生，不论男孩女孩都是上天的恩典。

于是多少年来，在许多家庭中造成伤害的重男轻女的观念，就在婆婆一声声“感谢上天”中消失了。我也因此事更深刻地认识了婆婆，敬重她，爱她。

只有一方的爱，如同只搭了一半的桥，我还需要赢得婆婆的爱。在未装净水机之前，我们家一直是买水喝。一天，我看到水桶空了，也顾不得外面下雨，就把十个空水桶都放上车，准备出去买水。没想到回家时，听到公公婆婆对话，正嘀咕着我下雨天还往外跑。我悄悄地走回车房，委屈的眼泪如屋檐的雨水往下淌。

这时上帝的话在心中浮现：“爱是恒久忍耐又有恩

慈。”又有恩慈，又有恩慈……是了！我快快地抹干眼泪，提起两桶水，轻快地走出车房，大声叫道：“爸爸妈妈我回来了！”

婆婆问我到哪儿去了，我晃晃手中的水桶答道：“你们喜欢喝茶，我去买水。好水才能泡好茶呀！”我不知道需要多少的努力才能赢得婆婆接纳我的心，但是我知道这件事在我和婆婆之间是个美好的转折点。

### 爱是彼此尊重

平安的“安”，从字形看，仿佛强调“一个屋檐下只能有一个女人”。若是两个女人都想出头的话，必定没有平安。和婆婆同住的数年里，我们的关系是平和安详的，因为我们彼此尊重。

一次，我要责罚犯错的孩子，婆婆却在一旁替她们求情。我和凯毅碍于婆婆的情面，就放过了孩子。事后我请凯毅去向婆婆沟通，管教孩子是父母的天职，为了不让孩子养成投机取巧钻漏洞的习性，请婆婆在我管教孩子的时候不要插手。这项请求获得了婆婆的尊重，从此她不再介入我们对孩子的管教。

我明白这样的克制对疼爱孙辈的奶奶来说有多困

难。我也尽量避免在老人家面前管教孩子。“尊重”，多好的礼物啊！

我由衷地谢谢婆婆，同时我也回了一个婆婆喜欢的礼，那就是除非被征询意见，我不介入婆家的事。婆家的事，当然会影响到我们，但凯毅这个长子，本就是原生家庭的一分子，也是我们这个小家庭的头儿。他的双重身份使他有双重责任。任何一边多加的意见，只会给他增加压力。

因此，我让他全权做主，无条件地支持他，相信他在每件事情上都会考虑周全，做最好的决定。若说我真有什么意见，那就是提醒他多顾念父母亲的需求，因为我们的小家这边有我撑着。我想，这是敬重婆婆最好的方式了。

### 爱是互相体贴

每星期我们家都有数次聚会，这种情况是在公婆来与我们同住之前就有的。起初，我和凯毅没有留意到每次聚会就意味着公婆得几小时关在房中不出来，因为他们怕走动时会干扰我们，带给我们不便。婆婆总在聚会前帮我预备茶点，聚会后又为我打扫战场。

诸如此类的体贴，在共同生活中我经常享受到。婆婆的体贴，减少了我作媳妇的紧张与压力；同时，婆婆的作为，也为我树立了榜样——爱是为别人的益处着想。

及至婆婆生病住院，长期卧病在床，最大的喜乐就是儿孙去看她。到后期因身体虚弱，有时连亲人去探望她都没有太明显的情绪反应了。

一次，我推着她坐轮椅散步，婆婆需要新鲜空气，她也喜欢风从脸上拂过的感觉。走了好一阵子，婆婆体贴地说："累了吧？回房好了！"我看看时间，可以再过十分钟才去接孩子，就回答说："不累，妈妈喜欢，就再走一会儿。"

此时，婆婆脸上浮现出一抹难得的笑意。我顿时明白前面的数十分钟，我不过体贴了她的身体，而后面的十分钟，我却贴近到她的心灵了。而此时此刻，也只有被滋润的心灵，才能减轻她的病痛。噢！我为何没早点领悟"体贴"的精髓呢?

我的母亲于2000年过世，她离世前已经确知她的宝贝女儿进了一个好婆家。我的婆婆于2002年过世，她离世前已经确知她的媳妇会如同她的亲生女儿一样纪念她。

两位母亲在两年内辞世，我多么怀念她们啊！

我想到我的两个女儿，有一天她们会成为别人的媳妇，但愿我这个作母亲的，在身为人媳的角色上给她们做了好榜样。

书刊中有许多技巧可以学习，相处中有许多方法可以使用，但是人际关系只有用心经营才会圆满。世上没有两个一模一样的人，所以不会有一模一样的关系。唯有爱，才是解决一切问题的方法。

（2003年）

# 7 珍藏真爱的回忆

在美国电影中经常看到这样一个场景：家中的阁楼上藏有一个百宝箱，里面珍藏了许多纪念品。当回到故居，看到那些物品，童年生活情景立时活现眼前，把自己和祖辈联结起来。

## 回忆是上天所赐的礼物

回忆是上天所赐奇妙的礼物。有的会勾起一段伤心的往事，有的很温馨，令人回味无穷。有时，回想破碎的童年，当自己成立了小家庭后，发誓决不重蹈覆辙。有时，回想过去配偶对自己的恩情和目前自己打算采取的行动多么不相称时会悬崖勒马，不至于犯下不可挽回的错误。有时，夫妻俩回顾过去甜蜜的时光，会鼓舞彼此以坚强的意志去面对当前的磨难。

人的记忆是有选择性的。它不仅回想过去某些事件的细节，也会用过去事件来对目前的价值做评估。它不只是记得客观的事实，而是看个人怎样主观记忆这些事。它影响个人目前对生命的态度、对人生的看法及生活方式。

小学五六年级时我们学校仍是男女合班。当时老师常体罚学生，不是因品格，而是为分数。那时每天考试，次日上学第一件事就是全班排队打屁股：以满分为标准，少一分，打一下。那种恐惧、羞愧、愤怒……深印脑中。此后，对强势霸凌弱势，我有极强烈的反应。待我自己成为母亲后从不以体罚管教小孩。

## 家庭是回忆的博物馆

每个人都是独特的，都有专属自己的历史。在个人的历史中，他慢慢被塑造成形。历史经由家庭中遗传，关系、教育、环境、经验等因素留在记忆中，慢慢塑造一个人的品格和价值观。

家庭就像是一个回忆的博物馆，我们珍惜每天所发生的事，精挑细选，因为今日的事就是明日的回忆。

最近几年父母相继去世，在整理父亲的遗物中，竟然发现爸爸仍保留着我小学一年级的成绩单。更想不到的是，我还发现了妈妈初、高中的成绩单。哇！都是第一名。算一算，这成绩单已保存了七八十年了，真是弥足珍贵。有句话说：我寻找母亲的花园时，也找到了自己的花园。时代的衔接、家庭历史的串联、爱的分享，再次赋予生命的意义与目的。我后悔没多花时间了解祖辈的历史，但也庆幸在父亲晚年时，请他回忆了他的一生。

## 回忆是感恩的提示

我的名字叫“怀恩”，父亲常喜欢谈到为我取这名字的由来，因那牵动着一段他难以忘怀的岁月。

话说在1946年第二次世界大战结束后不久，父亲读到一本书，他很受感动。那本书是日本人井上伊之助写的。作者因上帝爱的感召，想到台湾向杀害他父亲的原住民部落传福音。然而，当时日本政府严禁日本人向原住民传道。他改为申请医疗服务，终获许可，在新竹县尖石乡服务。他在工作之余，着手调查原住民在台湾的生活、文化等。此后他把自己三十几年的时间奉献给台湾，三个女儿病死他乡，至终都无法实现向原住民传福音的心愿。父亲读完此书即萌生要向原住民传福音之念头。1946年8月，28岁的爸爸携26岁的妻子及两个幼女（一个两岁，一个才三个月大）来到了偏远的新竹县五峰乡，成为五峰中心小学的校长。（同年，蒋介石将张学良软禁于此，其居所就位于以井上伊之助为名的“井上温泉”，后改名“清泉温泉”。）

过了两个月，在那放有小小几床榻榻米的宿舍内，福音的种子在两位原住民青年心中萌芽。渐渐，其他村民也受邀前来。不久宿舍已容纳不了这么多人，大家移往教室聚会。后来，教室也容纳不下，人们拆开隔板，把两间教室打通。父亲用日语讲道，最早听闻福音的那位青年用原住民的语言传译。当时山上没有电，一到夜晚，山里漆黑一片。村民要参加聚会，手中都拿着竹火把照明。学校建在高处，每当聚会的夜晚，远处点点火光，就像星星一样，从四面八方由远而近朝学校移动。父亲站在学校门口，看到那情景，内心澎湃。父亲每述及那段往事，仍觉历历在目，难以忘怀。

那时，山上资源非常缺乏，交通也不方便。当地妇女要生产时，需请乡卫生所的卫生员助产。母亲怀我临近预产期，爸爸因公外出，家中只有两个4岁及2岁的幼女。母亲产期提前，阵痛开始，焦急万分。此时，有两位教会姐妹上山来探望，其中一位正巧是助产士，她们就如上帝差来的天使。因着她们的帮忙，我终于顺利来到世上。为了感念上帝奇妙的恩惠，父亲为我取名“怀恩”，时刻提醒我要活出它的意义来。

## 收集回忆

自从儿子出生后，我就开始记录、收集他成长的点点滴滴，包括相片、影音、童言、奖状、活动等，编成“This is your life book”（《你的生命之书》）。至今，儿子已升级为一双儿女的爸爸，我的这项工程尚未结束。我不仅要把这本“书”译成英文，还要用现代科技整理、保存，这对我可真是一大挑战。

我曾读过简媜女士写的《红婴仔》（联合文学，2010年）一书，非常欣赏作者的文笔。她将母亲、祖母的经验吸收、融入她自认为“知识分子”的自己的育儿理论，配上自画的插图，把上一代的智慧流传、保存了下来。

倘若你的父母还健在，请及时把握机会，好好收集资料，记录下他们那个时代的历史和回忆。我自己也因整理父母的遗物得到一些启发。不用等到孩子为我们做，自己开始行动吧！挑一些自己最喜欢的相片、影音，用现代科技保存起来（可能需要烦劳孩子、孙子教啰！），也顺便为自己将来的告别式准备材料。

生活中到处有值得收藏的回忆。我在厨房抽屉内放了一部相机。水槽上方的窗户正对着后院，偶尔会有不速访客——美丽的蜂鸟、蓝雀、斑鸠、乌鸦、松鼠、浣熊、蝴蝶……甚至还有母鸟喂食小鸟的情景，我可以顺手拍下难得的画面。它不仅可充实我家博物馆的材料，也使平淡的家居生活增添了不少乐趣。

你觉得被困住了吗？觉得生活中只有责任，没有乐趣？其实，你我都可以成为收藏家，别忘了随时收集材料来充实你家中的回忆博物馆。

## 制造回忆

在维持一个家庭的收支预算时，除了要衡量每样事物的金钱付出外，也要衡量它的回忆价值。神学家杨牧谷牧师说："为孩子创造美好的回忆是为人父母对他们人生的贺礼。因为有一天他们都会长大，都会离巢，各人摸索成长的路。他们一定有失意、孤单、落寞的时候。儿时愉快的经验会提醒他们，人间有情，不该因一时的失意而放弃。只要多撑一会儿，多走一步，拐个弯，可能就是柳暗花明。"当忆及父亲时，他说："年复一年，爸爸安排我们一同旅游、度假。那几乎是他供应不起的。但为的是使我们孩子得到不可或缺的回忆。"

的确，童年的回忆对人的成长有非常深远的影响。为了子女将来的回忆，为人父母者应精心策划全家旅游，欣赏人文艺术、天然美景。美国前总统卡特提到，全家三四代一年一次的度假团聚的费用都由他们二老提供。全家借此紧密联结在一起，也不怕子女推托没时间来探望二老。财力允许的祖父母们不妨如法炮制，总比死后留下财产给后代更有意义，不是吗？

有时制造回忆并不需要花什么钱，而是需要花时间。因为时日一去不复返，我们要在每天固定的作息中腾出时间，为日后的回忆做出选择，也就意味着有时必须割舍另一种选择。

1986年，我读到一则报道提及当年哈雷彗星将出现，它76年才出现一次，而且在附近山上就可以看见。当时儿子肯才10岁，算一算，下回再看到可是86岁。我当下决定半夜3点带他上山看彗星。为了制造回忆，偶尔牺牲点儿睡眠也是值得的。不知肯长大后修习物理和这件事是否有关连。2012年5月20日，南加州可看到日食。当天，我们在外面吃饭。吃到一半，肯走回车上，拿出厚纸板和其他材料，把日食的情景呈现在我那4岁的小孙子面前，小孙子伊森看得兴奋不已。

孙子很喜欢看火车、飞机。好几次我们祖孙三代一起从住家附近的小站搭火车到洛杉矶中央车站再回家。有时带他到附近机场看飞机起飞、降落，甚至到购物中心乘电动扶梯上下几十趟。这些都不必花什么钱，却能带给孩子难忘的回忆。

## 传承与创新

一年中应当有一个日子让家人引颈盼望，因为每年我们都是这样过的，其意义非常深远。

小时候每到圣诞节，我们家姐弟及原住民都会表演圣诞剧。爸爸写剧本兼导演，妈妈负责弹风琴配乐。及长，各组小家庭后，姐弟过节在父母家相聚唱诗，感恩分享，聆听父亲教诲，不可忘记上帝的恩典，并且一定要照一张全家福。到了父母年老时，我们仍持续此传统。如今，父母相继离世，我们自己成为最年长的一代。眼看孙儿孙女一天天长大，怎样承袭过往美好的传统，精心策划有自家独特风味的新传统，成为我们的新课题。

## 留下回忆

想一想，当你离世后，家人整理遗物时，除了专业的物品、书籍、用具及一些衣物外（这些大概都会被送掉或丢掉），若是没有留下任何可令家人与子孙回忆、思念的事，不是很可悲吗?

父亲去世后，我整理一些他保留的纪念性文物（泛黄的相片、发表诗文的剪报、诗集等）及口述回忆的录音、誊稿，希望能整理出一本供子孙留作纪念的文册。

回忆录并非名人的专利，你也可以记录代表你一生的故事留给后代。每个人都有自己独特的一生，这便是你的遗产，用你自己的话来说你的故事（Your legacy—Your life story in your own words）。趁头脑还清楚，赶快行动，不要拖延。

此外，有一种无形的典范不仅令后代回忆，甚至会影响他们的一生。那就是夫妻彼此相爱，互相扶持，悉心照顾年老父母——行公义，好怜悯，存谦卑的心。我们就像站在河川的上游，而我们的子女则在下游。若我们的水保持洁净，他们的水则一定清净甘甜。

大部分人都应当立遗嘱，把生前财物交代清楚，免得让亲人产生困扰、纷争。近来，另有一种遗嘱非关财物分配，而是把一生的信念、价值观、人生的功课、梦想、盼望与一生所蒙的恩惠以文字记下或口述录下留给后代，称为“Ethical Will”（道德祖训）。

兰迪·鲍许（Randy Pausch）是卡内基·梅隆大学（Carnegie Mellon University）教授。2006年他发现自己罹患胰腺癌。当时，他才46岁。虽经治疗，但来年癌细胞转移，医生宣告只剩三至六个月可活。9月，他为全校师生做了一场演讲，题目是“实现儿时梦想”。这场“最后的演讲”令在场听众时而开怀大笑，时而热泪盈眶，

当天的实况录像在网上点阅人次至今已超过1 610万。鲍许之后接受采访，最后成书《最后的演讲》（*The Last Lecture*）。

2008年，他在去世前两个月还在该校毕业典礼上做了六分钟的演讲。他提醒青年学子去寻找心中的热情，而后跟随它。它不是建立在事物和金钱上，而是建立在一种关系、一种真爱上。他也提到自己的婚姻，说："我直到39岁才结婚，因为我想找到一位我认为她的幸福比我的幸福更重要的女子为妻。"《最后的演讲》其实是他生命的告白，也是他的"Ethical Will"，特别是为他的三个年幼子女留下指引他们一生的精神财富。他曾经活得那么充实，若生命不以长度来衡量，他已在挚爱的亲人、妻子、三个年幼孩子，以及许多人的心中，留下了美好的回忆与启发。

马丁·路德·金（Martin Luther King, Jr.）于1968年在被暗杀前两个月的一次讲道中曾说："我经常会想到自己的死，也想到自己的丧礼。……当那天来到，我希望有人说，马丁·路德·金曾尽力去爱和服事人。……我不会留下什么金钱，也不会留下贵重的物品。然而，我希望留下委身的一生……若我能将福音传给整个世界，我就不虚此生。"诚然，这就是"Ethical Will"的最佳典范。

你认为此生的职责为何？是管家，还是收藏房子、钱财、头衔的收藏家？盼望你会如此说：“我是家庭博物馆的馆长，随时把握机会充实回忆。”

**长青图书馆**

- 《最后的演讲》（*The Last Lecture*），兰迪·鲍许著，陈信宏译，方智出版社，2012年。
- 《谁在银闪闪的地方，等你》，简媜著，长江文艺出版社，2015年。

**长青行动场**

- 请写下自己的“Ethical Will”，设想一个可以在家族中代代流传的价值观。
- 撰写回忆录（书写或录制个人的生命故事）。

**长青电影院**

- 《吾爱吾父》（*Dad*），美国影片，1989年。该影片讲述祖父、儿子、孙子三代如何因陪伴祖父行过人生最后一程而彼此联结、复合，并留下美好回忆的故事。
- 《爱上这个家》（*Secondhand Lions*），美国影片，2004年。该片讲述了两位看似性情乖僻的叔公为年少的侄孙留下动人传奇和受用一生温暖回忆的故事。

**长青谈心园**

1. 你对家族历史认识多少？是否曾主动请父母或亲人回忆他们的过往？
2. 孩子成长过程中，你如何制造回忆、收藏回忆？目前有什么珍藏回忆的行动？
3. 你有什么家庭传统？孩子若已自组家庭，他们是否保留传统？他们自创传统了吗？
4. 你觉得能留给子孙最宝贵的是什么？

# 少年夫妻老来伴

## 老年人的性生活

最新调查发现，许多美国老人的性生活非常活跃，亲密频率甚至会让儿孙们脸红。

调查结果显示，在57至64岁的老年人中，73%与伴侣有规律性的性生活（每月两三次）；在65至74岁的老年人中其比例为53%（每月两三次）；在75至85岁的老年人中，也有超过20%的人有性生活（每月一次左右）。

当美国老人在“古稀”之龄仍然能享受性生活带来的愉悦时，老年华人的性生活状况又如何呢？

一项调查显示，华人51岁以后停止性生活的城市女性占35.3%，农村占58.3%，城市男性占56.8%，农村占80.6%。华人的性生活为何这么早就停止了？

有多方面原因。首先，很多老年人认为性生活对健康有害，这无疑让他们对性生活的兴趣大打折扣。其次，夫妻情感、伴侣对性生活的态度等对老年人的性需求都有一定影响。另外，很多华人老人要帮忙照顾孙辈，留给自己的时间非常有限，这也减少了享受性爱的机会。

性要求受到压抑得不到满足，长此以往易导致性条件反射消退，进而出现性欲减退、阳痿等症状。

性要求得不到满足的男性容易出现不同程度的悲观、失望和抑郁情绪，如脾气暴躁，对周围的环境不满意，甚至失去生活的信心、责骂老伴等。有一些性格外向、善于交际的男子，就可能借机另寻新欢。过分的性压抑会引起一些人在某种情况下失去理智而犯罪。

## 老年人性生活要借助“回忆”

老年人的性欲望需要非常强的刺激才能升腾，但单纯的生理刺激不大起作用。相反，通过一些精神因素唤醒美好感受可收到立竿见影的效果。老年人回忆起年轻时充满激情的性生活会从中得到精神上的享受，提高性欲。

老年人体脂减少，皮层变薄，感觉变得迟钝，爱抚时应加强力度。老年妇女阴道分泌物减少，必要时可用一些润滑剂。老年人肌肉收缩力下降，灵活性降低，性生活中动作不要过猛过大，免得造成皮肤挫伤或肌肉酸痛。

老年人的性生活并不一定要达到性高潮，应重“情”不重“性”。由于老年人多有不同程度的性功能下降，不应强求每次都有完满的性过程，都有性高潮，可以利用“第二种语言”进行性生活。拥抱、接吻、爱抚同样能获得性满足与性快感。

科学研究证实，老年人保持有规律的性生活，不仅有益于身心健康，而且还能使家庭更加和睦、稳定、幸福，甚至收到益寿延年的养生功效。性生活可充当老年人痛苦的解除剂。老年夫妻有规律、和谐的性生活，可以增强相互之间的依赖感。性生活有助于克服老年期的消极情绪。退休后社会角色发生改变，此时若有伴侣相互照顾，并保持适当的性生活，有助于消除各种消极心理。以性生活为运动方式，是大部分老年人长寿的秘诀。

## 老夫老妻的沟通

夫妻相敬如宾、互敬互爱的一个重要因素是包容、尊重、爱护、信任和体谅。老年夫妻怎样才能包容对方呢？纵观恩爱夫妻的经验，可归纳为以下三点。

### 一、心理“搀扶”

步入老年后，朝夕厮守的老伴所给予的精神依托和生活照料，是其他亲属不能替代的。当一方因生理变化或发生某些意外产生烦恼和苦闷时，另一方的心理“搀扶”和生活护理会使对方获到精神慰藉。在对方患病时，不仅要贴身关怀，鼓舞对方战胜疾病，尽量减轻对方的心理压力，还要陪伴及时就医。若对方遇到诸如丢失钱物、失手损坏物品等不愉快的事，切忌生硬地责怪，而应尽力安抚，以减轻其心理负担。老年人碰到烦心事总想找人诉说，一吐为快，最为理想的宣泄对象当然是自己的老伴。因此，听者不应责备对方心胸狭隘或嫌其唠叨烦人，而应主动接受对方的倾诉，劝慰、疏导，排解其内心的痛苦。

## 二、心理“保鲜”

老年夫妻在年复一年的日常生活中，容易趋向过分求实而缺乏浪漫，满足现状，保持平淡，正所谓“老来情比少时淡”。因此，双方要不断增添自身魅力，持续吸引对方，相互满足情爱和性爱的需要。日常生活中多赞美、多欣赏对方，如“你穿这件衣服真漂亮”“你今天的气色特别好”等简简单单的几句话可使对方感到你的关注，而保持自己的性别魅力。健康和谐的性生活，更是夫妻心理“保鲜”的重要一环。

### 三、心理“磨合”

夫妻性格、爱好和生活习惯不完全一样，只有在互相尊重的前提下不断磨合才能相互适应。应该尊重和允许对方有自己独特的兴趣和爱好，尽量满足配偶的心理需求，也应当参与他爱好的活动，共享乐趣；同时，充分理解和尊重对方的生活习惯，爱其所同，敬其所异。老年夫妻应注意情感交流，使磨合的过程成为感情互动和加深的过程。

## 掌握沟通技巧，婚姻更甜蜜

所谓沟通，是指双方通过言语交谈，了解彼此的思想、情感和意向，消除误会，共同生活。但由于共同生活在一起的时间较长，有些夫妻往往认为有些事不用说太明白对方也应该明白，能心领神会。实际上，对方往往是一知半解，还要猜测，结果常引起不必要的误会和不愉快。

妇女总是较喜欢打扮，特别是希望得到丈夫对她装扮的看法，而丈夫则认为老夫老妻，看了几十年了没有什么好看的，不予置评；甚至说，人老了还打扮什么，像个老妖精。结果妻子觉得对方不理解自己，甚至产生被忽视的感觉。彼此的沟通日渐减少，情感逐渐冷淡和疏远。因此，老夫老妻也需要经常交谈，表明意思，分享感受。

## 老夫老妻沟通必须学会：

• 用描述的方式来表达内心思想和情感，这样可以做到对事不对人，对方不会感到被边缘化。

• 多表达情绪和情感，让对方了解你现在真实的想法与感受。

• 把握你说话的语调，重视眼神的交流，尽可能保持中立的立场。

## 老夫老妻沟通技巧：

### 1．沟通内容

谈到沟通，不少人误以为沟通就是必须把心里的想法和感受全部讲出来，让对方知道。其实，老夫老妻必须过滤说话的内容，伤害夫妻关系的话就不要说或少说为妙。

夫妻相处久了，对配偶的喜好应该有一定程度的了解，某些话题是对方的禁忌，应避免触碰。

常见的错误观念是，夫妻之间必须绝对坦白，不可有个人隐私。说话毫无保留，结果却可能使得对方产生负面情绪，以至于影响婚姻关系。

### 2．如何沟通

学会倾听。倾听是指站在对方的立场上，用心了解他所表达的意思。在沟通中，不要只听对方说什么，还要体会对方话语里的含义，然后给予适当而简短的反馈。如，点点头是让对方知道你在听，也会让对方感到受尊重。

学会给对方反应。回述你所听到的话，“你的意思是……”“你是说……吗？”可避免因听错而产生不必要的误会。

善于运用第一人称。用“我”当开头，表示说话者自己负起这次沟通的责任；若用“你”来叙述，则把过错丢给听者，容易引起对方的负面情绪。

## 银发族六项挑战

每个人都不得不面对年老这个事实，高龄社会不单单是政府的事，大家都需要趁早认识了解，并采取因应的措施。针对“如何怡然自得，而又乐观奋进地度过晚年”这个问题，日本作家曾野绫子在《熟年的才情》（天下杂志，2011年）一书中对银发族提出六项挑战，她直接向年老者挑战，要每个人从“要求自己”开始做起。

这六项挑战分别是，要独立，要工作，要通达，要独处，要面对疾病和死亡。

## 一、要独立

人老了依然有上天所给的智慧和才情，自己不但要珍惜，而且要发挥，千万不能随便放弃。许多老人习惯依赖别人，对于困难或新奇的事不愿（或不敢）接触，一开口就是请别人帮忙，这些老人叫“帮我族”。年龄不是人老的原因，心境才是。依赖别人久了，不但原来所拥有的才情不见了，反而意志消沉，心志和体力每况愈下。切忌倚老卖老，“无论年纪多大，最重要的是‘精神上的优雅’”。例如，请别人服务时，要付出对等的酬劳，至于如何酬谢，要斟酌决定。

## 二、要工作

战前的日本全国上下勤奋工作，和早期台湾一样。那时候，“工作到死方歇”是理所当然的事。战后出生的人不再有那样的劳动观。还在工作时便一心想要过安逸的退休生活，等到真正退休了，反而无所事事。“老人活得健康，秘诀在于有目的，有目标”，不要老是想“别人要为我做什么”，而是该想想“我能为别人做什么”。

## 三、要通达

“少年夫妻老来伴”。人到老年才知老伴的重要。这时候，彼此都要懂得退让，成为“接受折中”的夫妻。

“养儿防老”的观念已不合时代潮流。除了老伴和老友，“老本”也很重要。曾野绫子强调，老人要过“恰如其分”的生活。没有钱，就把人情世故放旁边，谢绝不必要的婚丧喜庆，千万不要“打肿脸充胖子”。

### 四、要独处

人老了，离开职场，家人也不在身边，孤独是必然的。孤独不但不是威胁，反而是感受人生喜悦的大好机会。老人有的是时间，从独处中可以发现自己，只要合情合理，甚至可以尝试冒险。

### 五、要面对疾病和死亡

保持健康当然重要，但一旦得了病，也要学着将疾病当作人生的一部分。就算在病痛中，也要一样开朗并从中找寻乐趣。老人应学会面对死亡，争取在身体尚可时将身后事安排妥当，不要给别人找麻烦。

长青
图书馆

- 《熟年的才情》，曾野绫子著，姚巧梅译，天下杂志出版，2011年。
- 《中年以后》，曾野绫子著，姚巧梅译，天下杂志出版，2002年。
- psychologytoday.com
- psychalive.org

长青
行动场

- 请尝试一项新的沟通技巧，并观察实践过程中该技巧对夫妻关系有何影响。

长青
电影院

- 《意外的人生》（*Regarding Henry*，又名《还我情真》），美国影片，1991年。事业有成、如日中天的律师亨利（Henry），在一次意外抢劫中被击中头部，丧失说话能力及此前的记忆。之后他开始了另一番生活。该影片提醒观众思考人的一生该怎样度过。

长青
谈心园

1. 你认为老年人的性亲密行为对身、心、灵有什么影响？
2. 请分享夫妻间沟通遇到的挑战，并向对方学习。
3. 对你个人而言，银发族的几项挑战中哪一项最艰巨？

第四部分

# 老人照护实务篇

在地安养，居家照护，环境熟悉，尊严终老。
暮年独居，仍需乐趣，独处静默，品味人生。
失智长辈，需要陪伴，耐心倾听，留意情绪。
家庭照顾，渴求体恤，喘息替代，疏解压力。

# 9 居家活力安养

人口老化是目前社会所要面对的一个趋势。许多问卷调查显示，大部分银发族都想延长“居家安养”的日子。毕竟，从居住了三四十年的家连根拔起，对老年人来说不仅伤害力大，而且还附带沉重的压力。

联合国及世界卫生组织早在19世纪80年代就提倡“在地活力安养”（Active Aging in Place）这个新的理念。

## 环境熟悉，尊严安养

所谓“在地活力安养”，就是用居住地的资源照顾老人，让他们在自己熟悉的地方自然老去。大部分银发族目前的住家是抚养儿女成长的地方，存有太多美好的回忆。孩子的诞生、入学、生日庆典、毕业典礼、家人团聚、共度的悲欢离合等，都令人难忘。几十年来的生活圈和邻居能帮助他们过上有规律、独立、有尊严和悠然自在的生活。老人心中最深的顾虑是日后成为儿女的负担。在家快乐地终老，让成年离家的儿女安心，延长健康年岁，延迟入住赡养机构的时间，成为老人最深的渴望。在地老化和活力老化是所有发达国家努力推行的目标。

在地活力安养的特点是养老所在地不是专为老人开设，而是指老人在熟悉的环境、人际关系和强大的社会服务资源和支持下度过老年生活。在地活力安养是鼓励老人在小区中参加各种社团活动或小区服务，在小区中贡献一己之力，活力养老。对老人来说，退休之后仍能做义工，服务他人，不仅可提升自我形象，还可学习各种知识。常听老人叹道：“我不怕死亡，最害怕的是等待死神来接我的漫漫长夜。”由此可见，活力养老对老人身心健康的重要性。

社会老龄人口比重的加大对国家的经济和生产发展会产生深远的影响。根据统计数据，90%的美国人和97%的日本老人选择居家安养。目前，机构养老比例最高的国家是荷兰，其比例为8%，发达国家也在5%~7%范围内。换句话说，90%以上的老人在健康和财力的考虑范围内都会慎重选择居家安养。这对整个国家来说是非常经济的养老方式。1997年，美国的一项研究发现，替代家属照顾老人的费用的增加使得社会成本也相应增加，养护机构的费用更是高达每年4万到5万元美金。个别养护机构隔绝老人与家人的联结，其护理不当之事更是时有耳闻。

## 预备安舒环境

当然，并非每一个家庭都适合居家安养，要视家庭结构、经济能力、健康状况与出行能力来决定。对高龄、失智和生活不能自理的银发族来说机构护理仍为最佳选择。

从父母步入老龄期伊始，子女最好与老人开家庭会议达成共识，一同商量居家养老的可行性，尊重老人的意见，选择最佳的赡养方式，让老人有尊严地度过晚年。

居家安养当然也要有一定的条件，现简述如下：

（1）充足的可提供支持的社会资源。

（2）住家附近有较完备的医疗体系，以及熟悉的医护人员。

（3）老年人的住宅有居家安全评估，安置必要的措施。例如：

• 给不良于行和使用助行器或轮椅的老人提供无障碍居住空间。

• 住家应能保证老人维持日常生活和个人卫生习惯。

• 浴室有足够的安全设备，如抬高坐便器，安装淋浴间座椅和安全杆等。

• 提供维持老人有尊严、高质量生活的工具，如老人专用电话机、在发生紧急情况时能和儿女或外界联络的各种设备，以及有视频功能的装备便于老人和儿孙沟通。

• 室外有供轮椅通过的斜坡道，升高、降低平台，室内安装硬木板以方便行动不便的老人自由走动；不要铺设地毯，以免发生意外。

许多新的高科技产品可以有效提升老人的生活质量。例如：

• 遥控器可控制空调、灯光及其他电器。

• 身体移动感应器可控制电源和开关。

• 安装室内摄像头，儿女可远程观察老人是否安全。

• 电子血压计、测血糖器、温度计，甚至心脏病患者的心脏监视器等生命迹象记录仪可在必要时联机，将身体变化结果直接发送到住家附近的医疗机构。

• 如任天堂Wii的电视游戏软件可帮助不能到户外活动的老人在家中打保龄球、网球、高尔夫球、玩呼啦圈、慢跑等游戏，增加生活的乐趣。除此之外，成年儿女或孙辈在探望老人时还可以教他们更多的游戏和新的知识，和长辈互动，加深情感。

• 目前，已有许多赡养机构用机器人来帮助照护者移动患者，并由机器人参与分发药物等较机械化的照护工作。机器人入驻家居环境帮助长者指日可待。

为自己或年迈的父母预备一处在地活力安养的环境，对老人的心理是个很大的挑战。但是，只要我们善加利用居所提供的资源，帮助老人有尊严地面对这个过渡期，他们就能迎来安全且独立的晚年生活。

## 如何预防跌倒

老人易跌倒可能是疾病的特异性表征，如肺炎、尿道炎及郁血性心脏衰竭等，不容忽视。老人跌倒，特别是反复跌倒，应加以小心评估，找出跌倒的真正原因。

日常生活中，经常见到老人突然晕眩而跌倒。这种头晕现象，在医学上称为“晕厥”，是暂时性循环衰竭，由大脑暂时性缺血而引起的瞬间知觉丧失。发生晕眩跌倒时，应立即采取头低平卧体位，改善脑部血液循环，减小急速跌倒造成的伤害。

适度的运动（如太极拳）不但能维持身体各功能的健康，还可保持柔软性与平衡性。

正常生活机能的老化，如视力减退、肌肉张力强度退化、手部握放协调能力降低、嗅觉及听觉敏感度降低、神经感觉末梢迟钝等生理因素的改变，往往造成年长者活动不便，影响起居的安全。给老人直接及有效的帮助就是主动调整家具和设备的摆放位置，给老人的生活带来舒适和便利。

## 居家安养环境设计

### 门及走道

建议家中大门及房间门设计为由内往外推开，如此可以防止老人万一意外昏倒于门口时，外人救援时不会因向内推入，使老人受到二次伤害。门把手的设计以“T”形为宜，因老年人的手部协调能力较差。

### 客厅

客厅入口不要设计门槛。沙发及椅子要重心稳固，避免材质过软、坐垫过低；椅子最好选用藤椅或木椅，椅背需高过头部，双侧有扶手的较好。不要让老人坐摇椅，摇摆力量不均容易让老人受伤。

家具边缘以圆弧形为佳。如果老家具的边角不是圆弧形的，可将家中不用的布料或丝袜包裹一下，避免老人碰撞发生伤害。

室内陈设宜简单，勿摆放过多盆景。孩童的玩具也应收拾妥当，不要散落一地，成为障碍物。

**地板**

地板材料要防滑，各个房间的地板最好在同一平面，不要有高低落差。若目前的空间无法做大范围整修，可修建斜坡道过渡，或在高低接合处刷上不同的颜色，提醒老人注意。

**扶手**

在走道上、楼梯旁及浴室内安装扶手，可以帮助平衡机能较差及体力较弱的老年人。扶手高度最好在80厘米~85厘米为宜，与墙壁最好能有5厘米~6厘米的距离。

**厨房**

厨房是容易发生意外的地方，所以安全设计格外重要。天然气炉灶应有安全开关、天然气外泄侦测器；使用压式热水瓶，汽笛式烧水壶……

**楼梯**

老人关节老化，理想的阶梯高度以14.5厘米为宜，宽度需小于27.9厘米。

**卧室**

老人的卧室宜安排在一楼，避免上下楼发生意外。床的高度与地面的距离以45厘米～50厘米为好。这个高度老人坐于床缘时双脚可以直接踏于地板上，符合老人的生理状况。床与墙面的距离，应大于120厘米。

### 卫生间

卫生间也是老人易发生意外的地方，需留意不要被热水烫伤，避免滑倒。老人皮肤感觉较为迟钝，水龙头以冷、热合一式为佳。防滑方面，可以在浴缸旁边加装直立式和横向的扶手，或在浴缸外缘加上把手，这样老人可自行进出浴缸。浴缸最好表面凹凸，或在现有浴缸里放一张防滑板；浴缸及淋浴间地板上应贴防滑条或防滑地垫。浴缸和马桶座旁应安装扶手，颜色醒目，便于老人分辨。浴室内所设的置物架，其高度应方便老人拿取，不用踮脚取物。马桶的高度以42厘米～45厘米为宜。如果老人使用轮椅，马桶高度最好与轮椅高度相当。

“家有一老，如有一宝。”不论是与家庭成员分享生活经验，还是向社会后辈传承生命知识，高龄者所拥有的智慧的确是无价资产。后辈可追寻他们的足迹，累积人生经验，延续生命脉动。当老人回顾年少轻狂的岁月、阐述勤奋工作时，后辈应认真倾听并给予适当的照顾，这是后辈应尽的义务与责任。优质的居住环境是每位银发族都殷切期盼的。

## 照顾机构

无法居家安养的老人，可安排住进照护机构。

人生如同爬山，不论登过多少山峰，总有下山的时候。下山时背包越来越轻，正如一年一年老去，老人有着越来越多的失落：失去经济主导权、社会地位、老友、健康，甚至失去住所的选择权。

许多老人因为老化或罹患慢性病，丧失独立生活能力，家人随之扮演照护者的角色。由于家庭结构的改变，有的子女无法兼顾工作与老人，所以他们会选择将老人送至长期照护机构，一方面让老人家得到专业照护，另一方面也让家庭正常运转，保证生活质量。

让老人住进长期照护机构，与中国人的传统观念有矛盾。传统观念认为，奉养老人是子女尽孝道的最佳表现，老人也大都希望在熟悉的环境中养老。但如果老人身体功能严重退化，家人无法提供特定的医疗照护需求，如鼻胃管、气切、氧气使用、伤口照护（褥疮）、复健等，那么子女则压力重重，甚至无法负荷。

常听到子女说："我们真的不愿意送父亲进来，好像我们放弃他了。可是他在家里，我们又不会照顾，大家都很痛苦。""我知道父亲在机构会受到很好的照顾，可是邻居和亲戚会指责我们，说我们不孝顺。"

目前长期照护机构大略可分以下几类：

• 安养机构（Senior Apartment）：这类机构主要提供生活上的照顾，以健康状况良好，可以正常走动，并能生活自理者为对象。机构提供三餐饮食、文化康乐休闲活动、生活安排、身体保健等服务。在华人较多的地区，如南加州已有专为华人提供的老人公寓。

• 养护机构（Adult Foster Care Home）：这类机构主要服务对象是健康状况不良，行动不便，生活无法自我照顾，需要他人协助照料及简单护理服务，如复健、口服药物督导的老人。

• 护理之家（Nursing Home）：这类机构主要针对身体功能严重依赖他人或阿尔茨海默病等必须24小时接受照护的老人，提供专业服务，如抽痰、气切护理、药物注射、插管灌食、导尿管护理等专业技术服务。医护团队包括医师、护理师、营养师、复健师、社工、药师等共同提供服务，收费较高。

在选择照护机构之前，应先考虑老人的状况及需要。如果仅仅利用小区资源或居家照护资源就可以安排妥当的，可暂缓考虑照护机构。

## 如何选择照护机构

### 开家庭会议

选择机构照护之前，家人应先讨论是选择长期还是短期的，并一定要充分了解老人的意愿与需求。尽量尊重并选择老人希望的照顾方式，让他们参与决定过程。

家人应研究机构地点、照护费用、紧急联络人等。机构地点最好离家近，交通方便，便于家人探望。在照护机构中，亲友常去探视的老人通常会获得较好的照护。家人也需讨论照护费用的付费方式及来源。

### 搜集资料

家人可向熟识者打听，到政府的卫生机构和老人福利团体查询相关信息。

### 初步筛选后，实地访视

家人应注意机构是否正式备案，其安全设备、娱乐活动、环境、照护人员、收费情况如何。

老年人从家里住进机构需要适应，这是一项重大的压力事件。家人要将长辈送进机构也需要一定的心理调适，包括传统孝顺的观念、亲友邻里的闲话、生活秩序的重整等。即使老人自己决定住进机构，在适应期中仍免不了失落，感觉生活不适。家人经常探视可给予其支持，协助他度过适应期。

家人一般可在用餐时间陪伴老人，固定时间探视老人，或经常打电话问安；房间内老人的物品可按其多年习惯布置摆放，让他们有在家的感觉；节假日应接老人回家庆祝。这样老人在接受机构照顾时，也不致有“被抛弃”的感觉。机构与家人共同分担照护的责任，让老人在人生最后的阶段活得有意义、有质量。

## 老人长期照护需求

医药与公共卫生的进步使死亡率大大减小，而家庭计划的有效推动又降低了出生率，因此长期照顾老人的需求将成为越来越重要的课题。

大多数老人对长期照护的期待主要还是倾向于传统的居家式照顾（在地活力安养），有家人参与。台湾某部门2000年数据显示：失能老人主要接受居家式照顾，照护者以家人为主，看护次之。但情况正在迅速改变。

各国/地区于2000–2050年间65岁以上人口占总人口百分比推估（%）

| 国家/地区 | 2000年 | 2010年 | 2020年 | 2030年 | 2040年 | 2050年 |
|---|---|---|---|---|---|---|
| 英国 | 15.7 | 17.0 | 20.5 | 25.1 | 28.7 | 29.6 |
| 美国 | 13.2 | 14.8 | 16.8 | 21.3 | 22.8 | 23.7 |
| 丹麦 | 15.0 | 17.1 | 21.4 | 24.9 | 28.1 | 28.1 |
| 瑞典 | 16.9 | 19.9 | 24.3 | 26.8 | 31.7 | 32.0 |
| 新加坡 | 7.2 | 10.0 | 17.3 | 26.8 | 31.7 | 32.0 |
| 日本 | 16.9 | 22.4 | 28.3 | 30.9 | 35.9 | 39.9 |
| 中国内地 | 6.9 | 8.3 | 12.1 | 17.0 | 24.1 | 26.8 |
| 中国香港地区 | 10.6 | 11.7 | 16.5 | 24.6 | 29.3 | 32.0 |
| 中国台湾地区 | 8.6 | 10.5 | 16.2 | 23.5 | 28.6 | 32.9 |

（本表数据主要来源：http://www.un.org/popin/funtional/population/html）

华人地区和世界各国一样，家庭结构逐渐改变，以小家庭和双薪家庭为主。因此，由子女来担任主要照护者似乎越来越困难，比例也越来越低。以台湾地区为例，因照护者缺乏，大量引进外来看护（目前大约有12万名以上的外籍看护在台湾的家庭或机构中担任老人的照顾工作）。反观人口老化、国民收入更高的国家（如瑞典、美国、日本等），并不假手“外援”。在台湾地区，接受长期照顾的老人中，接受机构式照顾的比例约11%，比一些先进国家（约7%）高出许多。其原因并非台湾的老人偏爱机构式照顾，而是因为“居家式照顾”的小区资源（如替代或辅助人力资源）未开发出来，一些需要照顾的老人不得不转入机构照顾。

## 居家式照顾和机构式照顾比较

长期照护的服务方式大致可分为机构式（如日托、安养院、疗养院、护理之家、慢性病房）和非机构式两大类。非机构式照护主要以居家照顾为主。

居家式照顾与机构式照顾优缺点比较表

| | 优　点 | 缺　点 |
|---|---|---|
| 居家式照顾 | ·是大多数老人的心愿<br>·在熟悉的家中接受照顾，较有自主性<br>·每天与家人生活在一起，享受亲情 | ·照顾人力不足<br>·缺乏专业照顾<br>·对家庭易产生负面影响（特别是小家庭、双薪家庭） |
| 机构式照顾 | ·提供24小时专业照顾<br>·有专业的医疗、个人、社会生活与住宿照顾<br>·减轻家庭的人力负担 | ·易与社会隔离<br>·集体式的管理下，老人较无隐私权、自主权，生活较单调 |

在发达的人口高龄化国家（如瑞典、挪威、英国、丹麦、芬兰、美国、日本），由小区支持的居家式照顾已成为照护老人的主流。在这些国家，65岁以上住在家中或小区中的老人，约有10%～17%接受小区服务。另外，约有5%～7%的老人住进照护机构，小区照顾与机构照顾的比例约为2:1。日本的老人中有32%住在机构中，68%在家中

接受居家照顾。

以美国加州为例，很多小区为老人提供午餐，运动健康中心可供老人免费使用，社工人员定时探访居家式照顾的老人。

理想的居家照顾模式应是以小区为基础、消费者为中心的照护模式。照顾老人是整个社会的责任，资源应依照老人的需求而设立，包括交通运输、志工陪同购物、老人送餐服务及家务服务等，以尽量维持老人独立生活。社工人员应协助老人充分利用小区资源，实现居家安养的构想。

## 结语

大多数老人希望选择自己的家为终老处所，但因家庭结构的改变，小区中缺乏替代照顾资源，使居家式照顾面临许多困难。居家式照顾未来应发展为以小区为基础、消费者为中心的照护模式。

为协助年长者及家属寻找小区资源及服务数据，可参考以下美国与中国台湾地区机构的电话与网站：

- 精神病患联会（Alliance for Mentally Ill）800-451-9682，http://www.nami.org/template.cfm?section=find_support
- 美国癌症协会（American Cancer Society）

800-2272345，http://www.cancer.org/Treatment/index，癌症咨询800-422-72377，www.mylifeline.org/

- 关节炎基金会咨询（Arthritis Foundation Answer Line）800-283-7800，http://www.medicalfaq.net/arthritis_foundation/ta-97/p7
- 美国盲人基金会（American Foundation for the Blind）800-232-5463，www.nfb.org/
- 糖尿病咨询（Questions about Diabetes）800-232-3472，http://www.diabetesaction.org/site/PageServer?pagename=tip
- 助听器热线（Hearing Aid HotLine）800-521-5247，www.hearing-aid.com/Test
- 大小便失禁咨询（Questions about Incontinence）800-237-4666，www.caring.com/ask/incontinence-questions
- 医疗保险诈欺及滥用（Medicare Fraud and Abuse）800-368-5779，www.medicare.gov/fraudabuse/howtoreport.asp
- 美国安宁院组织（National Hospice Organization）800-658-8898，www.nhpco.org/
- 美国肺脏在线服务（National Lung Line Service）800-222-5864，www.nationaljewish.org/about/contact/lung-line/
- 美国帕金森氏症基金会（National Parkinson's

Foundation）800-327-4545，www.parkinson.org/

- 年长者健康保险信息（Senior Health Insurance Information）800-443-9354，www.senior-health-insurance.org/
- 社会安全管理局（Social Security Administration）800-772-1213，www.ssa.gov/
- 社会安全/补充社会保险收益残障热线（Social Security/SSI Disability Hot Line）800-638-6810，SocialSecurityDisability-US.com

**长青图书馆**

- 《老年护理学》，徐亚瑛等著，汇华出版社，1994年。
- 《年岁的冠冕》，黄胜雄等著，台湾基督教门诺会医院，2004年。

**长青行动场**

- 请与配偶和子女讨论居家安养的可能性，并商量在何种情况下需接受机构照顾。

**长青电影院**

- 《寂寞爱光临》（*Not Here to Beloved*），法国影片，2006年。影片叙述了一对寂寞的巴黎男女在角色压抑与自我追寻的冲突中诉说都市小人物的期待。片中男主角与住在安养院中老爸之间的互动值得探讨。

**长青谈心园**

1. 你期望居家安养吗？是否曾与配偶及儿女讨论过可行性？
2. 若希望居家安养，家中需要添置或改装哪些设备？
3. 你对机构照顾有什么认识或看法？
4. 你所在的小区对居家照护者能提供哪些资源及协助？

# 10 老人独处与静默的智慧

老人退休离开职场后，家人儿女不在身边，孤独、寂寞是必然的。但是只要愿意，孤独对老人不仅不会造成威胁，反而是体会身心自由的大好机会。

## 孤独却不寂寞

寂寞是一种感觉，而孤独是心灵层面的感受，孤单的老人会感觉被边缘化或被摒弃，排除在社群之外。有些老人即使与儿女同住，仍感觉孤单。接受孤独是一种智慧，学会独处是老去过程中的一个重要步骤，或许得花一生的时间来预备。老人可以学习把寂寞升华为享受独处和静默。

一个懂得独处的人能察觉寂静之美，能够真诚地与内在的自我相处，得到内心的安宁。电影中常见一些落单的银发族，黄昏时自个儿坐在屋外的摇椅，望着夕阳，融入自然之大美，享受着上天带来的平安，这是多么美丽又让人感动的画面。自在独处的老人较少理会外在干扰，以安静的心与自己对话。

默想是一种生活方式，要从年轻时就开始培养；默想的基本条件在于学会与自己的本质和平相处。有默想习惯的老人，可以在摇椅上坐上好几个小时，怡然自得。他们擅长用欣赏的角度观赏树木、花鸟、飞虫，赞叹自然万物的奇妙。

他们不必絮絮叨叨地向旁人述说“想当年”，他们放下了功过成败，活在当下。布满风霜的脸庞上展现和善的光彩，以谦顺和温柔对待自己和周遭的人，使接近他们的每一个人如沐春风。

## 静默的智慧

古伦神父在著作中提醒老人，在静默中以感恩的心翻阅生命相簿。当回顾一生时，难免会有创伤和自责。沉溺于伤痛，对己对人都无益处。

老年人的静默也表现在聆听的艺术上。他们学会发言时不争先恐后，不单“好汉不提当年勇”，还愿意耐心倾听并思考，观察发言者内心真正想表达的感受，甚至是没有说出口的肺腑之言。他们从一句傲慢、自大的狂言中，洞悉深受创伤的内心正在哀号求救，静默倾听的智慧老人会说出简短有力的鼓励或提醒，让听者有如醍醐灌顶，或得到安慰。

智慧的老人会花时间静默、思考。不同于祈求的祷告，这段静默时间，是老人在沉默中专心思索和领会心中的感受与意念。

## 独居老人面面观

独居老人是高龄社会的附属物。有些是被迫独居，例如与家人不和、家庭瓦解、被遗弃和移民后遗症等。也有年长者选择独居，这样的生活形态有逐年增加之势。

独居长者所要面对的挑战也引发出许多社会问题。媒体时常报道老人因生理或心理上无法适应独居而发生不幸事件，因此老人独居问题开始受到重视。近几年来，台湾某机构陆续访谈169位独居老人家庭，归纳出以下四点：

（1）独居人口中女性略多于男性。原因为大多数人喜欢独自生活，不想成为儿女的负担，并且不喜欢迁出自己熟悉的老窝。

（2）虽然许多独居老人有慢性病，如高血压、高血糖等，但多数都能生活自理，也有医疗上的支持。他们在日常生活中与家人、亲友、邻居可保持良好的互动。多数受访者不担心独居伴随的生活问题，对单独生活给予正面的评价，积极面对。然而，也有六成受访者认为独居非已所愿，虽然无可奈何，但终得调整自己的心态，学习接受现状。他们心中仍然渴望年老的日子有家人陪伴，在儿孙环绕中圆满地走完人生旅程。

（3）受访者大多希望继续为社会做贡献，并积极参与各种小区活动。他们一致认为："千万不要让自己闲着，要活就要动，要强迫自己走出家门，多尝试各种新运动，多与不同兴趣的人相处，为自己建立新的社交圈。"有四成的长者渴望学习新知识，对学习操作计算机有很强的意愿，希望通过计算机与海外的儿孙沟通或视频互动。除此之外，学会上网还会增加生活乐趣。也有二成的受访者对目前的起居生活形态自怨自艾，甚至声泪俱下连叹"教子无方"。

（4）受访的独居老人基本上不再抱有养儿防老的观念。他们也意识到在M型社会中，子女自己的负担和麻烦已够多了，根本没有能力照管老年父母的生活。对儿女的期望只好退而求其次，只要定期关心，经常联络，简短报平安，年节探访，有重病时陪伴就医，在不得不入住养护机构时尽一点心力，老人就心满意足了。

## 暮年独居仍享乐趣

在这人口老龄化的社会，不少儿孙因多种原因无法承欢膝下，许多人进入暮年后过着独居生活。日本作家上野千鹤子的暮年生活观是，晚年生活并不一定是可怕令人却步的，相反，自己可以随心所欲选择生活方式：想要独处就一个人居住，想要两人相处就找个陪伴的人，想要过团体生活就去参加各种社团。她一再提及老年人独居并不是寂寞的，老人不仅享受自在的独居生活，还可继续拥有良好的人际关系。

美国两位社会学学者经过20年的研究，从多如牛毛的生活习惯中，列出“长寿工程”排行榜，其中良好的人际关系排在首位。一个独居老人若没有宽广的人际网，生活必定更加困难。

我的四婶年轻时就非常好客，又喜好烹调，家里经常高朋满座，侄甥们周末喜欢逗留。她的四个儿女分别住在美国东部、南部及西部。移民来美后，四婶总会在每个儿女处轮流住上几个月，含饴弄孙。每到一处她就施展新学会的烹调本领，宴请附近的亲朋好友和教会的“松柏团契”前来品尝。儿女常笑称：“我们一上班，家里就成了妈妈分享新成果的所在地，我们为人儿女的也为之欣慰。”这几年四婶因健康缘故决定回台湾定居，儿女们为她租了间公寓，还请了一位保姆陪伴。儿女除了经常在电话上嘘寒问暖之外，得空时就回台探访。我每次探望她时，她一定会邀请我到家里饱餐一顿，离开时又大包小包带回家享用。除了亲朋好友，她也大方地和左邻右舍甚至公寓楼外排班的出租车司机分享美食。年逾八十的四婶天天用自己的才能祝福别人，更使自己的独居生活添了许多乐趣。

上野千鹤子的暮年生活观要点如下：

•不再为生活打拼，享受人生的夕阳，打造一个属于自己的空间。

•多尝试不同的生活方式，结交新朋友并努力经营新关系。

•看淡权势、地位、钱财和一切世俗的外在牵绊。

•不再做风险投资，选择较为平稳的资产管理方式。

•自己名下的房地产在有生之年绝对不留给子孙。

•孤独是不可避免的，与其一味逃避，不如学习勇敢面对。

•预立生前信托或遗嘱，并有效活用身后遗产。

•预先写好不要急救的书面声明（如果你不想做没有意义的维生治疗），免得子女为难。

•勿须害怕单独面对死亡，但必须做好让别人及早发现并方便处理的准备。

长青图书馆

·《晚年的美学》，曾野绫子著，姚巧梅译，天下杂志，2007年。

长青行动场

·每天用30分钟独处，不要和任何人谈话，也不要外出，做一些安静的活动，练习静默。

长青电影院

·《天涯寻梦》（*Solas*），西班牙影片，1999年。该片描述了一对母女间的交流与羁绊以及老年人感情生活的失落与无奈。

·《深夜加油站遇见苏格拉底》（*Peaceful Warrior*），美国影片，2007年。奥运体操选手丹米尔曼家境富裕，是大学里的风云人物，拥有人人称羡的完美体能、优秀的学习成绩，然而却在每个晚上被噩梦惊醒。在某天深夜又被噩梦吓醒的丹米尔曼走进一家24小时营业的加油站，他遇见一位身怀绝技并充满智慧的神秘老人……

长青谈心园

1. 你有多少时间需要独处？独处时有什么感受？
2. 你感到孤独吗？孤独时有何种心情？
3. 当翻阅生命相簿时，你有何感受？
4. 你对独居生活的看法如何？如何安排独居生活？
5. 你的暮年生活观是什么？

见证分享

# 永远的潘蜜拉

吴莹瑛

已届退休年龄的潘蜜拉在去年春天成为我的房客，住在爸爸妈妈旅美期间居住的房子里。她与前夫离异多年，独自一人抚养两个女儿长大成人。我对房客的挑选比较严格，喜欢租给夫妻和不多于两个孩子这类家庭。她是位孤独的老年人，并非我的首选。但是头一次见面，我即被她那散发着青春气息的笑容吸引。她絮絮叨叨地向我述说如何向往能住这种“Townhouse”。当得知我曾经在这小屋陪伴父母将近七年时，潘蜜拉主动邀请我随时回家。我破例在当天就决定租给潘蜜拉和她的两只爱猫。很快，我们成了好朋友。

潘蜜拉有一头美丽的金发，永远愉悦待人，个性开朗热情，爱好户外运动，热爱动物和年幼的孩子，家门永远为这些需要她“爱的滋润”的人而开。虽然她曾受经济风暴的影响而失去工作，在寻找工作时期，仍然笑容满面，坚信上帝必为她有所预备。有段时间，我无意中看见她在网上拍卖一些家具和摆饰品，以应付日常开支，我心里实在不忍，自动降低房租，减轻她的负担。

更让我感动的是，她免费让左邻右舍使用她的洗衣设备。她告诉我："每家人都很辛苦，节省下的每一分钱多少会有帮助。"天气好时，她更是呼朋引伴，携大带小乘着她的小旅行车到海边和公园玩耍。

有时她会突然来电，说刚泡了一壶新鲜的咖啡，烤了一些小饼干，邀我过去和她一起回忆温馨的过去。她知道在她住的小屋里，我和爸妈曾经共度一段令人怀念的时日。她总是贴心地倾听我述说往事，安静又专注地看着我，并适时给我安慰的拥抱。我们总是坐在以往我陪着爸妈聊天的窗前，望着盛开的粉红玫瑰花，天南地北地聊着。我们有相同的信仰，也会分享见证并为彼此代祷。有一天，她兴奋地来电告知，她买了一大盆三色堇，邀我一起和她布置前院。"你的爸妈会很高兴的哦！"她总是这样说。

当我出远门时，她总是主动帮我看守公寓。为了让她在经济困难时有一些额外的收入，我聘请她当我们公寓的经理，处理一些大大小小的维修工作，她很爽快地答应了。我出门在外时，她一定用电邮报平安让我安心。有了潘蜜拉留守，我心中踏实了许多。

两个礼拜前，突然接到潘蜜拉前夫的电话，告知她目前在加护病房，因器官衰竭，危在旦夕。我赶往医院探视，无奈家属告知，此时的潘蜜拉全身肿胀，插满管子，他们感伤地建议："还是让潘蜜拉那美丽的面容永留在你的脑海中吧！"隔天，潘蜜拉在家人的陪伴下，拔下维生的管子，结束了她丰富多彩的一生。

次日，艳阳高照，长堤的海边万里无云，潘蜜拉的家族为她举办了一个别开生面的户外追思会。她的兄长在邀请函上建议：参加者在服饰上以橙色的点缀来纪念她，因为那是她生前最喜爱的颜色。我们到达会场时，只见橙色的气球和鲜花与来宾橙色的领带、胸花、围巾、丝带相互辉映，格外醒目。

照片上的潘蜜拉穿着橙色的洋装，她的笑容依旧是那么甜美；"Let's celebrate Pamela's life"（让我们庆祝潘蜜拉的一生！）的旗帜在空中飞扬。亲友们相互拥抱、安慰，诉说对潘蜜拉的思念；隐隐约约中，我似乎听见她在向我们呼喊："Hey！Life is short！Let's party！"（嘿！生命短暂，我们尽情地玩吧！）麦克风在亲友的手中传递着，大家分享潘蜜拉在他们生命中留下的印记，有泪有笑，有欢乐有伤悲。

潘蜜拉的前夫最后感性地和我们分享他俩特别的亲

密情谊。他眼含热泪娓娓道来："潘蜜拉在产房中陪伴我和现在的妻子经历了两个儿子的诞生，为我们加油打气。请问大家，这世上有几个前妻愿意主动帮前夫照料两个幼儿，让我们夫妻畅游欧洲两星期？"说到此处，他已泣不成声。是的！我知道潘蜜拉是会这样做的，所有在场人士都流着泪点头同意，这就是我们所认识的潘蜜拉。

牧师在信息中说："虽然潘蜜拉所居住的属世躯体已离开我们，但对一个基督徒来说，这只是一个帐篷的拆卸。我们的帐篷也有拆卸的一天。今天是上帝所定的日子，我们就当欢欣快乐，因为所爱的潘蜜拉已得到永恒的生命。"牧师用慈爱的眼光注视着照片中的潘蜜拉，继续说："我们今天不是来向她道别，因为我们必要与她再相见。让我们一起向她呼喊：潘蜜拉！我们改天见！"我不禁在心中喊着："亲爱的潘蜜拉！我们改天见啰！别忘了看见我父亲时，和他打个招呼！"

潘蜜拉的父母仍然健在，住在离女儿30分钟车程的小城，她生前经常前去探望，陪伴他们就医和处理杂事，是一个非常贴心的女儿。"白发人送黑发人"让我极为哀伤。我认识她只有一年半，却早已成为彼此的灵魂友伴。今天我不只是失去了一个好房客，更失去了一个好姐妹。在这短暂的18个月中，潘蜜拉教导我在困境中不放弃，不要失去信心。她对周遭的人和事付出无条件的爱，心中充满喜乐，更让我深感何其有幸得此好友。一个看似孤单的独居老人，也可以成为众人祝福的对象。潘蜜拉真是上帝赐给我的天使。

回程中，望着那海的尽头，我悄悄地向身旁的老公说："老公！如果我比你早走的话，我可以也有这样一个告别式吗？"老公轻轻地拍拍我的手回答说："当然！"

（2011年）

# 11 失智老人的居家照护

## 失智老人也需要爱

失智可能发生在一些原来正常的中老年人身上，其病程是渐进的。初期可能只有短期记忆丧失，渐渐地老人失去思考及判断能力，智能退化，失去生活自理能力，甚至出现异常的精神行为。因此照顾阿尔茨海默病患者有别于一般失能老人，最主要的照护目标是维持日常生活，保证生活质量。阿尔茨海默病并不会影响一个人感受爱或欢愉的能力。不论病患的记忆变得多差，他仍是独一无二的“人”，我们也应当继续爱这个人。到目前为止，阿尔茨海默病未能完全治愈，但重要的是有许多方法能使病患及家属的生活轻松愉快。针对失智老人日常生活常发生的状况，这里提出一些照护的方法及注意事项，期望能对照护者有所帮助，同时也能维持老人的健康及尊严。

以下为病患照护者须知：

• 照顾患者要先妥善照顾好自己，计划一天的时间，包括适当的休息，可免去压力。如果照顾得不到良好的反馈，不必内疚。

• 增强病患的能力及独立性，让患者做他所能做的，无法完成的才代劳。

• 进一步了解有认知障碍的老年病患。若得不到预期反应，照护者有生气、挫折、悲伤的情绪是很自然的。

• 在病情渐趋恶化的过程中，对暂时性进步抱持希望。

## 照护失智老人

失智病患的日常生活照顾原则如下。

### 一、建立病患原有的生活方式

不要随意更换生活环境，不要变动熟悉的摆设及生活常规，以避免病患因记忆衰退产生不安与挫折感。

### 二、协助病患把现有能力发挥到最佳

尽量提供病患有兴趣的活动或简单的工作，如此可维护病患的尊严，且可避免其认知及社交能力的进一步退化。

## 三、保证环境安全

病患因记忆、认知、体能的退化或精神症状的干扰，常有误食、跌倒、走失或暴力言语等行为。所以家庭环境要有清楚的标示或图示。此外，不要移动家中摆设，不要堆积杂物，光线要充足。卫浴环境应干燥明亮，可加装扶手、防滑砖，协助病患使用助行器，预防跌倒。将药品放置于安全的地方。在病患外出时要有人陪伴，或让病患携带有家属联络信息的卡片，提供病患的照片给附近的邻居及警察局，并尽量让病患在安全范围内活动。当病患精神状态不稳定时，不要与其发生争执，适时转移注意力，安抚效果不错。

## 四、维持良好的沟通

失智者在沟通上的主要问题是短期记忆的丧失，理解能力差，对刺激的反应延迟。照护者必须发现失智者在沟通上的问题及困难点。若是生理问题，如听力障碍，则需为他配上助听器。最好的沟通主题是回忆过往，“怀旧疗法”可让失智老人重温旧梦，但不要提及令他伤心的事。在后期阶段，照护者与病患之间会有越来越多难以沟通的情形。谈话时，要放慢说话速度，且要面对面，避免病患看不到你的脸而产生妄想。如果与失智老人已建立良好关系，轻拍或拥抱都可使他们感觉被爱，否则不宜，以免引

起不当的联想，产生问题行为。

许多家属在照护失智病患时也常会有心理、生理上的负荷。心理方面包括无法离开病患而产生被束缚、无助、无力的感觉，甚至因所爱的人不认得自己而感到忧伤。长期照护失智病患带来的沮丧，或因技巧不足造成的挫折感，也会让家属陷入抑郁状态。家属则常感觉无法持续下去，食欲不振，头痛，疲惫不堪。

## 日常生活照顾技巧

### 饮食方面

病患常会忘了是否进食，如何使用餐具，逐渐丧失冷、热的感觉，出现吞咽困难；也有些病患因被害妄想而拒食，因此可能导致营养摄取不均；有些患者常常忘记喝水导致电解质不平衡及泌尿道感染，使意识混乱的情况加剧。有游走情况的患者摄取热量有可能不足，照护者必须细心发现这些饮食习惯，并给他定时定量饮食。家人可协助照护者让病患固定时间用餐，如有吞咽困难，要将食物切成小块或研磨。

## 口腔卫生

患者可能忘记挤牙膏、上下刷动、漱口等任何一个小步骤，无法做好口腔清洁。不要因患者不会刷牙就快速帮他完成，有时他只是忘了其中一个步骤，稍加提醒即可。

## 大小便功能

训练大小便习惯，维持肠道及膀胱的正常功能。病情恶化时，病患可能因不知何时上厕所及厕所在哪里而随处大小便。照护者应记录如厕时间，以便提醒病患。应限制病患睡前饮水量，床旁准备便盆，或使用成人纸尿裤。

## 沐浴

若病患拒绝洗澡，照护者要先了解原因。沐浴前应调好温度，建议由熟悉或有经验的照护者协助。让患者做他力所能及的部分，无法完成时才代劳。

## 穿衣

不要穿纽扣多的衣服，粘贴式的较佳。鞋子以防滑鞋底为佳。提醒病患气温变化，建议加减衣服。穿衣应简化，按穿衣顺序依序摆好，给予简单的指示，如先把右手穿进去，保持病患的自尊心与独立感。

### 睡眠

最好不要午睡或小睡，日间提供正常运动，建立固定睡眠时间。房间内四处安好夜灯，睡前可服用少量安眠药或淡酒（在医师许可下），晚餐后限制流质饮料。白天让病患多走路或活动，睡前用温水泡脚，常播放喜欢的音乐。

### 保证环境安全

危险物品要收好，如瓦斯炉、热水器、打火机、刀子、剪刀等设备或物品。冰箱内勿放过期食物以免误食。药应分次装好，以免服错。将大门的上下方加锁，可预防自行出门走失。

## 常见行为的处理方法

### 翻找、藏物、囤积

改善居家环境，保管好有价值的物品，妥善收藏危险物品。环境陈设应尽量简单，易于病患发现陈设的改变，便于翻找、藏物、囤积，消除病患的不安。

### 激动、好斗、敌对、叛逆

病患的日常生活应简单，有规律。照护者要将刀、剪等锋利物品收好，并确认老人所在位置安全，不让他感到会受“陌生人”的伤害。

### 日落/晚间症候（晚间特别糊涂）

病患在晚间特别糊涂的时候，照护者应帮助他找出原因，用肯定的言词告诉他自己身在何处，发生了什么事情。晚间室内柔和的光线可减少患者的糊涂与不安。照护者应尽量让每天过得愉悦，多参加有规律的运动和益智活动，丰富日间活动。

### 游走

照护者可根据病患的特点设计日常活动时间表，不要让病患独自出走。病患身上应带有标示名字、住址、电话号码的卡片或识别手圈。家里可在门口处安装铃铛，提醒照护者病患是否走出门。告知邻居如看到病患单独在外，请一定通知家人。

### 记忆的问题

家里的时钟最好有大字标示，日历和月历也要有大字，便于病患辨别。日常生活事务可写在黑板或白板上。

家里摆放病患亲属的相片，时不时提醒他记住谁是谁。病患的房门可做上标记，漆上特殊的颜色。病患的常用品放在盘子、篮子里，固定安放。当重复问话或行为产生时，引导其看、听或做其他事，分散他的注意力。

### 疑心病

疑心病主要因病患记忆力不好或没有安全感造成，不必与其争辩，建议到病患最喜欢藏东西之处或垃圾桶找找看。重要东西或证件多做备份。病患絮叨遗失物品是经常发生的事，不要与他争论或对质，与他一起列出物品清单，帮助找回失物，或分散其注意力。

### 强烈情绪反应或暴力攻击行为

病患强烈的情绪反应和暴力攻击行为主要因其精神症状引起。此时，除以温和、冷静的态度面对外，可尝试找出其不当行为的原因。对于情绪反应，照护者可引导病患做其他活动或更换房间，不要待在可能引起同样反应的类似环境里。切记处理反应的时效，想要约束患者情况会越弄越糟，必要时应求助精神科医师。

### 发脾气

如果病患发脾气，照护者应冷静回应，离开导致其发怒的环境，或移开使其发怒的事物，找出原因。

### 依赖行为

病患会出现紧跟照护者不放的依赖行为，甚至“侵犯”照护者的隐私。当照护者必须离开时，可让其做一些简单的事，如折衣服、盖章、折纸、挑菜等，以分散其注意力，或请临时看护。

### 幻觉与妄想

退化性失智病患常有这种症状，这是害怕的情绪导致的，病患会躲起来，也会有哭泣或骂人的情形。建议照护者握住他的手，用轻柔的话语安慰他，或将他带离，转移注意力，必要时可求助精神科医师。

## 结语

病患照护者也需要被关心。当照护者觉得孤单、困惑、愤怒或哀伤时，请一定找亲友或专家分忧，向人倾诉或寻求社会资源，减轻自己的心理负荷。照护者也应了解自己的极限，留一些时间给自己。

有许多照护者的心情与处境相似，大家应互相支持鼓励，交流经验，学习新知。

## 长青图书馆

·《银发族的全人关顾》（*Complete Guide to Caring for Aging Loved One*），玛莉·艾利克斯等著，吴震环译，台湾基督教文艺出版社，2006年。

## 长青行动场

·请搜寻并分享有关照护失智者的方法或扶持小组的信息。

## 长青电影院

·《被遗忘的时光》，台湾影片，2010年。该片讲述了一群被困在时间长河里的长者的故事，是一部温暖动人的生命诗篇。

·《明日的记忆》，日本影片，2007年。该片由堤幸彦执导、渡边谦监制，改编自获原浩之同名小说。“即使有一天你的记忆消失忘了我，我还是会这样牵着你的手慢慢走。”这句话道尽阿尔茨海默病病患的绝望和希望，令观众感动不已。

·《爱慕》（*Amour*，暂译《失智后还爱我吗？》），奥地利法语片，2012年。这不是一部让人快乐的电影，但它提供了不少讨论与思考的空间，影片本身所呈现的质感很好，演员缓慢而内敛的演绎，让故事寓意更加深刻。

## 长青谈心园

1. 你是否有照护失智老人的经验？曾遇到什么困难？学习到什么经验？
2. 失智老人的日常生活中会存在何种危险？如何避免？
3. 哪些活动能带给失智老人安全感、尊严和被爱的感受？
4. 你可以给予失智老人照护者什么鼓励和扶持？

见证分享

## 当我老了！

佚　名

当我老了，不再是原来的我。请理解我，对我有一点耐心。

当我把菜汤洒到自己的衣服上时，当我忘记怎样系鞋带时，请想一想当初我是如何手把手地教你。

当我一遍又一遍地重复你早已听腻的话语，请耐心听我说，不要打断我。你小的时候，我不得不重复那个讲过千百遍的故事，直到你进入梦乡。

当我需要你帮我洗澡时，请不要责备我。还记得小时候，我千方百计哄你洗澡的情形吗？

当我对新科技和新事物不知所措时，请不要嘲笑我。想一想当初我怎样耐心地回答你的每一个“为什么”。

当我由于双腿疲劳而无法行走时，请伸出你年轻有力的手搀扶我。就像你小时候学习走路时我扶你那样。

当我忽然忘记我们谈话的主题，请给我一些时间让我回想。其实对我来说，谈论什么并不重要，只要你能在一旁听我说，我就很满足。

当你看着老去的我，请不要悲伤。理解我，支持我，就像你刚开始学习如何生活时我对你那样。

当初我引导你走上人生路，如今请陪伴我走完最后的路。给我你的爱和耐心，我会报以感激的微笑，这微笑中凝聚着我对你无限的爱。

# 12 家庭照护者——隐形的患者

家有慢性病或失能的老人，理论上全家人都要投入心力分工照护，但又不要影响大部分人的正常生活。因此，如果不请人专门照顾，也不送安养机构的话，家中就必有一人需出任全职照护者。

## 被忽视的照护者

这位照护者必须放弃自己的生涯规划，辞去工作，牺牲休闲时间，忍受单调无聊、吃力的照护工作，应对亲戚的质疑和患者的抱怨……他们往往生活苦闷，没有成就感，失去盼望，身心俱乏，各种压力症候悄悄上身，最后可能自己也病倒，成为需要接受照顾的人。因此，照护者如何适度纾解压力、保持身心健康，成了攸关全家幸福的重要课题。

中国人的观念中总认为照顾家人天经地义，必须身体力行。家庭照护者（caregiver）这个名词对许多人而言相当陌生，其实他们就在身旁，可能我们自己就是。最常见的为成年儿女照顾中风、失智、癌症晚期的父母，中年父母照顾受伤或智障的孩子，还有为人妻、为人夫照顾患病的配偶。无论年龄和性别，只要是长期照顾因年老、生病或失去自理能力的家人者就是“家庭照护者”。家庭照护者就像一个“隐形的患者”，家人只关心长者或患者是否得到好的照顾，却无视他的身心状况。有一位照护者道出了心声：“不是久病榻下无孝子，而是孝子自己半条命已经没有了。”

当开车经过一些广场或公园，尤其是靠近大型医院、安养机构或小区时，往往会看到数量可观的轮椅聚集在树荫下，上面坐着长者，轮椅的背后通常站着女性看护。她们或一起聊天，或对着手机凝思。轮椅上的长者若精神好些，会互相招呼，小聊几句，大部分则神情落寞，低垂着头，目光不与人接触。我们不禁想象他们回到家中是什么光景，家中又是什么人在迎接他们……想来应该有更多的长者躺在家中，无人把他们推出来享受阳光。而他们的身边，是否也有一位照料起居的家庭照护者？他们的工作繁重，生活空间狭小，身躯疲累，心灵苦闷，前景茫然……这是一份放不下的工作，又有谁会想到去照顾他们？他们是否也懂得照顾自己呢?

## 照护者的身心负荷

照顾慢性患者的工作时间是24小时，除了负责患者的进食、清洁、喂药、就医，还要翻身、拍痰，时而搬动患者下床坐轮椅，推患者出门晒太阳。夜间有不少照护者就睡在患者的邻床或隔壁房间，随时拉长耳朵注意动静。照护工作之烦琐，非一般人所能理解。即使全身心照顾，患者身体状况仍不免慢慢退化，或因脑部的损伤导致认知退步，不认得家人，发脾气，不配合，照护者常常产生深深的无力感。“好好睡一觉”是多数照护者的奢望。

《自由时报》报道，家庭照护者关怀总会调查发现，平均照顾年数达10年，每天14个小时的照护者中有八成无法连续睡眠4小时。台湾约有57万名家庭照护者，他们随时处于身心紧张的状态中。报道中提到：“有多少人可以忍受天天睡不好，只要听到被照护者咳嗽、呢喃就会马上惊醒？家庭照护工作琐碎，可能每两小时要为被照护者翻身拍背，每四小时要换尿布、喂食。”家庭照护者没有明显的职业成就，他们的辛苦付出常常被忽视。

台中荣民总医院杨铮宜医师说，根据临床观察，许多家庭照护者会出现失眠、易怒、肩头酸痛等压力过大的信号。她提醒其他家庭成员，照顾患者是一件非常辛苦的事，应该对照护者表达感谢，每个星期要给照护者至少半天的空档休息。

照顾家中患者或老人是一条艰苦的漫漫长路，没有家人或亲朋的支持，很难走得下去。所幸现有家庭照护者关怀总会以及各县市政府社会处老人福利服务等是很好的社会资源。最重要的是，照护者要懂得照顾自己，发出求救信号，不要默默忍受。

杨铮宜医师进一步表示，家庭照护者要学会肯定自己，陪生病的家人走这段人生路是有意义的。此外，还要善用资源，到相关协会或医疗院所了解疾病和照顾技巧，以及政府可提供的福利，如补助或喘息服务等。平时也可以通过各支持团体，与一些有相似背景的朋友交流。更别忘了自己也要有充分的休息和适度的休闲运动。例如，在患者小憩时听听音乐，做做伸展操，种些小盆栽增加生活乐趣，推患者出外晒太阳时，自己也顺便健走。自己感觉有压力时要向其他亲友倾诉，大家共同设法解决。如此才能在照顾家人的漫漫长路上，走得稳健顺利。

## 居家式照顾服务

台湾某部统计资料显示，台湾65岁以上的老人人数和比例都显著增长，已超过250万人，占人口总数的10.81%。估计14年后，老年人口将达475万人，约占人口总数的20.3%，迈入“超高龄社会”。老年人口逐渐增加的同时，出生率却降到全世界最低，人口高龄化加上少子化，将使台湾年轻人的负担日渐加重。

过去家庭照护者的工作极少获得社会肯定，但人口高龄化是无法避免的趋势，可提供照顾的年轻人却越来越少。政府如何提供足够的照顾老人的资源，是人口转变过程中的重要议题。社会观念的改变也很重要，政府、社会、个人都必须有所体认，才能有效因应人口变迁带来的挑战。去年家庭照护者关怀总会及失智、妇女等团体共数十人躺在“2·28”和平纪念公园音乐台上抗议。她们的诉求是家庭照护者长期睡眠不足，希望能“周休一日”。无奈长期照顾监督联盟指出，目前官方仅提供照护者一年14天到21天的“喘息服务”。有调查指出，照护者中女性占80%，其中有8.7%的人有慢性神经衰弱，死亡率也比非家庭照护者高出60%。

关怀总会社工张筱蝉指出，家庭照护者并非聘请的看护或外籍劳工，而是“照顾家中失能、失智者的家人”，不分性别、年龄，有无职业。估计目前受照护者有255万是老人。因此，希望社会能提供老人与家庭照护者完整服务，如居家式照顾，在小区设置复健空间的小区式照顾，建设安养院、养护机构的机构式照顾。中国传统文化是让长辈在家中度过晚年，所以居家式照顾这种方式特别重要。官方应依受照护者失能或失智的状况，制定家庭照护者一年14天到21天的“喘息服务”制度，民众可请居家照护员到家帮忙，或把受照护者暂时送到合法安养机构。

社工张筱蝉指出：“许多年轻人辞职，回家照顾长辈或身障家人，等十多年后不再有家庭照顾需求时，他们也失去重返职场的能力，经济来源必须依赖其他家人。”因此，从居家式照顾转移到机构式照顾是必然趋势。此外，在评估家庭照护者需求时，除了考虑被照护者的身心状况外，还要把家庭支持体系、经济状况一同纳入，才能真正减轻照护者的负担。

## 为照护者疏解压力

当家庭照护者警觉到自己压力过大时，一定要勇于向家人求救，或寻求社会资源。让自己放慢脚步，喘一口气，想想能为自己做些什么，以便重振精神，继续努力。照护者如果不能先照顾好自己，也等于是为这个家庭制造第二个问题。所以，照护者首先要试着自己疏解压力。照护者可从以下四个方面着手疏解压力。

## 一、生理方面

生理上的疾病容易察觉，可寻求医生协助。因为家庭照护者一旦病倒了，不只自己和长辈受牵连，全家也受影响。有时照护者认为忍一忍就过去了，其实长期的“忍一忍”会将压力累积起来。在忍受的过程中，不仅家人要承受照护者情绪变化，而且照护者自己认为没人了解、没人感激，心情更加郁闷。

照护者除了有病要看医生，平常也要随时注意放松自己，做做柔软操；或取得家人配合，每天挤出一小时静坐，让身体有放松修复的机会。另外，均衡饮食和充足睡眠也很重要。

## 二、情绪方面

当发觉情绪几乎无法克制时，一定要勇于向身边的人求助，换取自己的空间。如果病患没有危险，可暂时放下病患，任其哀号或无理取闹，哪怕只离开现场半小时，或到洗手间做几次深呼吸，到阳台看看蓝天，转移注意力，中断钻牛角尖的想法……照护者应先调整好自己的情绪，才能处理其他问题。照护者应告诉家人当自己情绪不好时

需要什么，也许是倾诉，也许是安安静静吃顿美食，也许暂时请人接替照顾工作……明确提出要求，家人一般会配合的。

## 三、认知方面

家庭照护是一件吃力不讨好的工作，常常会让人怀疑自己的价值，陷入绝望之中。加上亲人之间分工不明，付出与回馈不成比例，得不到认同和肯定等，除了摧毁照护者的自信心以外，其与伴侣、子女的关系上也往往会出现问题。此时，照护者要调整自己对家庭照护这件事的认知，了解自己正在做什么，肯定这件事的价值：

•提醒自己是在照顾一个风烛残年的老人，是在为自己最爱的人解决问题。

•与一个老者相处，往往能学到许多哲理，学到生命的意义。

•既然走上这条路，自怨自艾也是走，坚强勇敢也是走。不能改变环境，却可以改变自己的心境。

•要学会自我肯定，时时为自己加油打气。

•调整心理，将自己定位在“陪伴者”，而不是“教育训练者”上，可以省去很多力气。例如，当老人“碎碎念”的时候，尽量放轻松来倾听和应声，而不要费力讲道理或企图纠正观念，不要把力气花在不可能改变的事情上。

• 千万不要抱持完美主义，不要让内心的“导师”随时为自己打分数，到头来撑不下去，还要加倍责备自己，实在不划算！标准放低，有些事情及格就好，有些事情暂时搁置亦无妨。

## 四、行为方面

• 倾听老人的需求，但不一定要满足他，弄清楚是真的需要还是只想要有人听他说话。有时光是认真倾听就能让老人平静下来，这是一种最省力的陪伴方式。

• 评估可用的资源，如果经济许可，把金钱可以解决的事情交给金钱。向不想增加的负担勇敢说“不”，大声说出自己的权益，要求其他家人的援助。

• 简单可行的事情先做，不要让工作累积起来。如果给患者喂饭耗时费力，自己就要赶快先吃饭，否则饿肚子又吃冷饭，影响心情也影响健康。

• 建立支持网络，如可以倾诉心声的名单、替代照顾的名单、紧急时候可以协助就医的名单，以及可以协助采购食物或日用品的名单等。这些名单或许用不着，但备用能让人心安，给自己心理上的支持力量。

• 到相关单位学习正确的照护方法，以免受伤害，力求事半功倍。

## 结语

在这个人口老龄化社会，每一个人都有可能成为居家照护者。因此，关怀家庭照护者，就是关心我们自己的未来。“真爱长辈事工”这个支持团体的使命就是为这群孤独的照护者提供资源和协助，盼望和大家共同走过漫长的照顾旅程，使照护者不再感到孤单无助。

长青图书馆

· 《健康世界》，2013年1月号 325期。
· 《康健杂志》。
· *Senior Guide*, Council on Aging, Orange County, California, 2012, 2013.

长青行动场

· 请尝试给所认识的家庭照护者半天或几小时的协助，让他们有喘息的时间。
· 请寻找邻近家庭照护者扶持小组的信息，鼓励家庭照护者加入。

长青电影院

· 《吾爱吾父》（*Dad*），美国影片，1989年。该片讲述儿子回到家中照顾年老父亲，老父因此恢复往日生气的故事。正值青春期的孙子也搬回来一起住，开始三代同堂的新生活，感情更加亲密，令人感动。

★相关学习网站★

- Caregiving Support & Help: Tips for Making Family Caregiving Easier www.helpguide.org/elder/caring_for_caregivers.htm
- Today's Caregiver: www.caregiver.com/regionalresources/index.htm
- 台北市家庭照护者支持团体www.carer.org.tw/about/introduction
- 健康世界www.health-world.com.tw

长青谈心园

1. 你认识或接触过家庭照护者吗？你自己是否曾担任家庭照护者，或曾接受照顾？
2. 若有选择，你愿意接受居家式照顾还是机构式照顾？为什么？
3. 家庭照护者会遇到何种挑战？有什么解决的方法？
4. 你认为家庭照护者最需要什么？

见证分享

# 陪伴老母的恩典之路

刘素銮

1984年家父弥留之际，我和三姐由美国迅速返回台北探视。回想当时，三姐靠在父亲的病床边上，牵着爸爸的手，含泪对着病危的老父说道："爸！我会照顾妈妈的，请您放心。"直至今日，姐姐这句诺言一直刻在我心中。当时母亲已75岁高龄，但身子尚健朗。就这样，因着三姐的孝心和三姐夫爱屋及乌的爱心，在父亲去世后，母亲移居美国，与三姐一家同住至今。

2004年，95岁高龄的母亲骨质疏松，移位的脊椎骨压迫到脊椎神经不得不接受手术。手术时用了对她年龄有高度危险性的全身麻醉。感谢上帝的恩典，手术顺利，妈妈平安出院，回三姐家疗养。然而，此后她体力大不如前，衣食住行需要贴身照料。手术后的后遗症——尿频，更加重了大家的负担。我们在仓促中决定请专人24小时看护。

母亲的情况让夜间看护者不堪其苦，常常干不久就请辞。每当遇到新旧照护者接替不及时，三姐责无旁贷，一肩扛起日间看护工作，我则负责夜间。因每小时得帮母亲如厕，我的睡眠受到严重影响。我们尝试用纸尿布，没想到反而引发长期卧床的并发症，不得不放弃。我所能做的是尽量在白天补足睡眠，养精蓄锐，以便夜晚有较好的精力和体力来照料母亲。

夜晚看护非常艰辛。除了需要每一个半小时起来帮妈妈下床之外，她的梦话、鼾声、呻吟，都使我无法安然入眠。协助母亲如厕更是费劲。她动作缓慢，上完厕所又得喝水、洗手、展动手臂及双脚后才肯上床休息，一整夜下来我筋疲力尽。一股莫名的恐惧袭上心头，接着转为怨气和怒气。此时只能默默祷告，求天父赐予力量。

想起白天母亲无奈地诉说，看护者因疲累而对她的需求装聋作哑，破口大骂，或是没给好脸色的情景，当下我向上帝忏悔，并求赐给我爱心、耐心和包容心来体谅母亲。当她再次醒来向我求助时，虽然睡眼惺忪，却已能靠主的力量用微笑、鼓励以及安慰的心情来扶持她。此时，母亲也会慈爱地笑着对我说"谢谢"。

圣经中记载："无论何人，因为门徒的名，只把一杯凉水给这小子里的一个喝，我实在告诉你们，这人不能不得赏赐。"（马太福音十章42节）哦！这"小子"

不就是我眼前的老母吗？我恍然大悟：是的！上帝要我们在小事上忠心，无论做什么都像是为上帝而做。就把照顾年老体弱的老母当作是上帝托付我现阶段最重要的工作，也抱着感恩的心来回报她。白天精神好时，我会带着妈妈祷告并安慰她："上帝永不抛弃我们，直到我们年老发白。"这时妈妈总是会露出难得的笑容，大声回应"阿门"。

上帝的恩典丰富，足够我们用。我因需要夜晚陪伴母亲，必须三天两头往三姐家跑。关心我的兄弟姐妹预备了我爱听的诗歌、主日讲道、培灵布道的CD，让我在来回三个多小时的车上不孤单、不打盹。我已把这段长途车程当成一件美事，乐在其中。母亲也因我的来访而心情愉悦，我的心中也充满感恩。

三姐和三姐夫带领我、小儿子和母亲成为基督徒。他们不仅在教会热心服事，更因为爱上帝的缘故而无怨无悔、无微不至地照顾母亲，数十年如一日。我们亲眼见到上帝赐给他们许多福气，成为儿孙及亲友津津乐道的美事。一年多前，我们为母亲的百岁生日举行感恩礼拜。四代儿孙一起因生命的改变而感谢上帝特别的赐福。

感谢上天，我们最近终于如愿找到一位非常有爱心的中年看护。这半年来，我和夫婿参加真爱家庭协会举办的“长辈照护者相互扶持成长小组”。听过大家互诉心声后，才了解到原来在这漫长艰辛的路上，我们并不孤单。在每次聚会中，我们互相学习、安慰、打气，真是获益良多。相信有上帝和扶持小组成员的陪伴，照顾母亲的这条路，走起来必然更轻松，更有希望。

（2010年）

第五部分

# 生命终程<br>瞻望篇

生老病死，人之常态，终究要浮现；

救治医疗？安宁疗护？及早表心愿。

姐妹兄弟，照顾父母，分工勤沟通，

轮流陪伴，尽心尽力，常思同根生。

生命终止，肉体结束，亲情关系依旧长存；

灵魂安静，归家享永恩……

# 13 为生命画下无悔的句点

家里有长辈的人迟早都要做好长辈离世的心理准备。如能提前知道有关生死的信息，或是了解生命迹象，长辈的最后一段路也许可以走得更圆满，而我们家人心中也可以得到平安。

一般而言，在长辈步入高龄，在离世之前的最后阶段，可能发生下列几种情况：

• 在睡觉中过去，这是一般人梦寐以求的走法。

• 死于并发症，比如老年人患上感冒，有时会并发肺炎。

• 身体状况持续衰退，需要送疗养院，由专业人士照顾起居。家人照顾会比较辛苦，而且不知如何应付紧急情况。

## 救治医疗或是安宁疗护

当长辈发生紧急事故时，家人会本能地拨打急救电话呼叫救护车送医抢救，根本不会有其他想法。不过事后回想起来才理解到这一通电话增加了老人家痛苦的日子。如果能事先多做研究，多思考，或许选择就不只这一种。

朋友的父亲已有90高龄。死亡前十天，因心跳过速在沙发上坐着就休克了。儿子要扶他上床时叫不醒，发现情况有异，叫了救护车，戴上氧气面罩之后才醒转。在急诊室观察了一夜，一切都还正常，医院就让他父亲回家了。医生开了一些镇静剂，所以在医院时他父亲一直睡觉，出院时十分衰弱。

朋友的父亲老早就签下了《不复苏急救授权书》（DNR，Do Not Resuscitate），医院不做任何深度检查。他清醒后，一切似乎都正常。朋友说，曾有一度后悔打了叫救护车的电话。如果他父亲不是坐在沙发上而是睡在床上休克的话，他们是不会发现的，那样也许就应了他父亲的祈求：在睡眠中过世。父亲从急诊室返家后，全家人的挑战开始了。我们按照对患者的照顾方式，希望父亲能赶快复原。两年前，他父亲也曾因肠胃过度衰弱住院一个多星期，出院之后复原非常快速，他们自然认为这次也会像过去一样，可是天天都有意外发生。

首先，父亲的精神只能维持很短的时间，常常坐一小会儿就睡着。在椅子上睡着就无法让他醒来走上床去睡觉，这是前所未有的。其次，父亲的胃口急转直下，出院后几乎不太愿意进食，每天以米浆喂食，老人家吃得十分勉强。两三天下来情况没好转，加上便秘，最后家人不得不征求医生的意见。

医生听了描述，苦笑着说，唯一能做的就是申请安宁疗护，他已经不能为老人家做什么了。家人对安宁疗护不甚了解，总觉得申请安宁疗护就等于是放弃父亲。社工和安宁疗护的护士将具体情况说明后，家人才同意让父亲进入这个医护系统。

安宁疗护的目的是减少痛苦，让患者走得安详，不做任何延续生命的措施。一般人的观念都以为，患者既已不能进食，就该打营养针，注射生理盐水，让他不至于缺水。然而，护士告诉他们，他迟早要经过这个死亡的阶段，多躺在床上一天，就是多承受一天身心的痛苦。父亲此时已无法自己翻身，甚至无法自行排尿，必须接导尿管。父亲之前一再交代，不要让他受苦，不做无谓的救治，朋友想这时该实现对父亲的诺言了。

他们终于接受了这个事实，让父亲自然死亡，按照自己身体的步调和心里的意愿，走完最后一程，不再做无谓的挣扎，不再以营养针维持生命。理智上虽知道这是正确的选择，只是情何以堪？生命珍贵，绝不能轻言放弃。朋友看着父亲的生命迹象逐渐衰竭，内心极度挣扎，一次又一次质疑孝顺的定义。

父亲在进入安宁疗护系统的第五天，安详地离开了人世。

另一位朋友的长辈中风昏迷送医。昏迷初期，医生告诉家属，即使患者救回来恐怕也是植物人，结果家人因为要尽孝，也因为不舍，坚持救治。老人全身插满维持生命的管子，没有哪一位家人敢说放弃，怕被冠上不孝的罪名。医院希望患者转至疗养院，家人仍然坚持继续救治。转到疗养院后，在昏迷中度过十年的岁月才辞世。

希望以下问题能帮助读者在面对生死大事必须做出抉择时，少一点挣扎，多一点心理准备，避免不必要的后悔和自责。

## 老化或是生病

我们都以为或希望在悉心照料或是救治下，老人可以再一次恢复健康。可是从医学角度看，长者器官已极度老化，很疲累了，不会再恢复原有的功能。家人难以接受这样的看法，因为他本来是好好的啊，怎么忽然会这样？其实有许多征兆，只是我们没有注意而已。

老人生病，情形比较清楚，有病治病，一切由医生做主，家属只需做最后的决定；老化却是晦暗不明，从未真正了解没有疾病的老人人生的最后阶段会是什么情形，有哪些迹象。其实，老人在身体上和心理上会有很多征兆。

当老人濒临死亡时，最先出现的现象是退缩，时间大概是死亡前一至三个月。实际上这个现象可以发生在死亡前一两年。当时看来身体仍然健康，因此不易引起家人的警觉，只会把这些现象当成一般的老化现象。其实，这是老人心中出现预兆，身心准备接受大限将至的自然反应。这是他们逐步退出世界的现象。

除了对事情失去兴趣外，他们和家人的互动也越来越少。这都显示生命慢慢退出外面的世界，转向内心世界。此时，言语的互动都显得多余，更好的是肢体接触、心灵之爱的传达和安静的陪伴。

另外一项大的改变就是饮食习惯，基本上无常规可循。有一点比较容易发现的是逐渐偏好蔬菜和较软性的食物，这和牙齿有直接关系。照护者因不知老人家的胃口为何时常改变，而造成食物准备上的困扰。

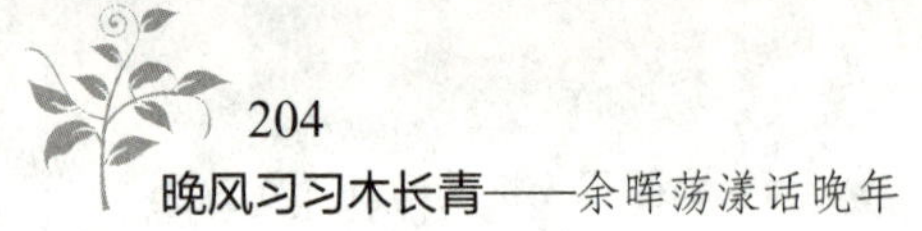


## 照护者该有的认知

长期照顾老人需要许多支持，第一个能支持我们的是自己。当照顾家人时，我们一开始是出于爱与善意，终至心生抱怨，多因高估了个人的承受力，忽略了照顾老人是长期付出。如果事前没有心理准备，加上没有设定适当界线，容易导致压力过重，进而影响自己的健康以及老人的生活质量。

照顾长者有时像照顾小孩。不同的是，抚养孩子是一个成长的过程，充满希望；照顾老人是一个凋零的过程，令人无奈。两者都是以爱心为基础，心情却完全不同。如果能了解照顾年老者的基本知识，会减少许多不必要的身心挑战。

和老人长期住在一起的照护者需要了解一定要妥善照顾自己，划清界限，与其他人分担压力，不要一个人硬撑到底，也不要足不出户守在家里；照护者应先满足自己身心的需要，才能做最好的陪伴，善用各种资源可使照顾的工作轻松许多。自己负担减轻了，受照顾的老人才能有好的生活质量。

谈心陪伴也许是现代人能给予的最奢侈的礼物了，不论是对父母、子女还是伴侣，都不容易做到。我们在此诚心提醒，哪怕是短短的几分钟，经常性的陪伴永远是最珍贵的爱的表现。

## 给子女最后一件大礼——生死大事交代清楚

老人家请不要讳言病痛与死亡，趁自己身体还健康、头脑还清醒的时候，好好想想自己的生死大事。很多子女为此苦恼，不了解父母的想法，又不敢提，生怕老人家忌讳和误会。

我们无法预知人生最后一段是怎么个走法，可能会失去意识和知觉，故最好事先做医疗决定，免得配偶和子女心中挣扎，家人之间产生争执。最好事先让大家知道，并留下清楚明白的文件。例如：医疗照护事前指示（Advance Health Care Directive），可事先填好并公证；在何种情况下不急救、不插管，即《不复苏急救授权书》等，这些文件可在网络上下载。

身后大事也是一样，葬礼和仪式最好按自己的心意事先知会家人，免得将来大家在哀伤之余还要讨论这些事宜。相信长辈也不希望儿孙为了这些事起芥蒂，何不坦然在生前就好好计划，算是给子女最后一件大礼，以老人家最希望的方式尊重他们。

家人在许多不必要的观念桎梏或自己的感情下，易做出其实会让老人受苦的决定。其实，面对生死大事，除了老人家自己，谁还能对此负全责？预先计划与明确指示是智慧的行为，更是向亲人表达爱的方式。

我们提醒子女和配偶，应尊重每个人的决定。有些人虽交代清楚，家人却因为自己感情或不同的信仰和价值观而忽视本人原有的决定，造成不必要的冲突。即使家人想法一致都认为他本人的决定不好，也不该违背当事人的心愿。这是对生命最起码的尊重。不能以自己的看法来判断他人为自己生命所做的最后决定。

希望每一个人坦然面对死亡，了解死亡，或许如此我们才能真正享有活着的价值和快乐。

## 善终，安宁照护

让我们看看下面两个真实的故事。

### 故事一

这是一位脑神经外科医师的亲身经历。患者40岁出头，体格健壮，因车祸脑外伤住院。医师们抢救后，虽无性命之危，却再不会醒过来，成了植物人。

住院的头两天，妻子在病房帮忙照料丈夫。第三天医师告诉她："必须做气管切开术。他虽然活下来了，将来会变成植物人，要有长期照护的心理准备。"

过了一天，一对八十几岁的老夫妻带着三个小孩到医院找脑外科医师。在小会议室，冷不防两老双膝跪下，医师赶忙扶他们起来。

老人家说：儿子和儿媳妇都打工赚钱，三个不到十岁的孩子由他们照顾。儿子如果成了植物人，收入减少了一半，只靠儿媳妇一个人赚来的钱抚养三个小孩，哪有多余的能力长期照顾儿子？

老婆婆老泪纵横地说："你是医生，你一定知道，一个没办法被好好照顾的植物人，将会全身这里烂一块那里烂一块，身上长着蛆，痛苦不堪地拖着。与其让儿子活着受折磨，求你高抬贵手，让我儿子走吧，也等于救了这三个可怜的孩子。求求医生，你同情我们这一家，我们真的是无能为力了，老的老小的小啊！"

脑外科医生真是心里纠结，百感交集，以目前的医学水平，让患者成为植物人继续活着，是绝对没问题的。但是面对两个肝肠寸断的白发老人，以及三个惊吓得挤成一团的小孩，到底救还是不救？坚持救下去，活着的人往后的日子怎么过下去？要是放弃不救，医生将如何面对自已的良心？

老婆婆步履蹒跚地走到医生面前，她枯槁的双手一拳拳捶向胸前："在这个房间里，没有任何人比我更有资格做决定，因为儿子是我的心头肉。如果还有办法可想，我

怎么能割舍得下？”老婆婆的声音凄惨悲切，老婆婆的泪水从皱纹间往下淌，成串地滴在衣襟上，也滴进医生的心头。

这是脑外科医生从医以来最痛苦的天人交战。几番深思后，只有俯仰无愧于天地、良知，医生选择尊重老人家的意见，让他们签了《不复苏急救授权书》。

几天后，患者临终前，医生陪着这家老老小小一起围绕在患者床边，老婆婆全身颤抖，却用双手紧紧捂住嘴，不敢让自己放声哭出来。面对生离死别医生心里非常难过，内心的悲痛不亚于家属，这是他第一次放手让患者走。看着心电图慢慢地、慢慢地变成一条直线，在心脏完全停止跳动时，老公公拉着老婆婆，带着儿媳妇和三个孙子，向医护人员磕头：“谢谢，谢谢你们，愿意救我们全家！”

医生扶起老人家，一旁的护士也忍不住偷偷擦眼泪。他们有说不出的矛盾与挣扎，不知道怎样形容复杂的思绪。医生努力说服自己，这样做是对的，心底却有说不出的苦涩与无尽的哀伤。

脑外科医生对我说：“我们成功地救回过很多生命，其中也包括植物人。当面临医学与伦理的极限时，即使把脑伤患者救成了植物人，但医师却不知道该如何去面对家属。有时候自己都不免困惑。”

他接着说："年轻时，对预后的判断没有什么经验，面对复杂的病例，总是先保命再说。等到变成植物人了，整个家庭陷入困境，家属往往抱怨说，早知道不会醒，会这样拖延着，就不该硬要救下来受苦了！"

医生感慨道："多年来我累积了许多经验，对于不好的预后至少能给家属较正确的信息，让他们在医疗信息对等的情况下，做出最适当的决策。逝者已矣，活着的家属，还有好长的路要走，尤其是顿失经济支柱的弱势家庭，问题不是唱高调就能解决的。生活很现实，不论是社会福利制度，还是来自民间的救助，伸手能帮的忙到底还是有限！"

**故事二**

这是我亲眼所见的病例。一个患有肺气肿晚期兼有心脏衰竭的74岁患者，进出医院已不下十次。全身枯槁，鼻子插着氧气管，由两个儿子连扶带抱，一路喘着进了医院。

医生一看患者情况不对，马上要进行急救，准备插气管内管。喘得说不出话的爸爸眼神绝望，吃力地拉着大儿子，手不停地摇晃，大儿子再怎么装镇定，也掩饰不了害怕："我爸说他受够了折磨，再也不要这样喘下去，该签什么急救的文件，我们都同意签。"没想到二儿子也立

刻出言阻止："医生，请不要帮我爸爸插管，他是晚期患者，让我爸舒服一点就好。"

签完《不复苏急救授权书》后，医生帮患者安排了安宁病房。给患者注射吗啡后，患者的呼吸逐渐缓和下来，可是心跳也在慢慢减缓。医生对家属说："爸爸剩下的时间不多了，你们就在这里好好陪陪他吧！"家属们聚集在病房里，每个人向爸爸道别。五个半钟头后，那位爸爸过世了。

这两个故事给我们上了一课：虽然救不了患者的生命，但可以给家属可贵的温暖。医生的职责绝对不只是治病与延命！换个角度看，如果能够照顾濒临死亡的患者，家属们也不必坚持救命到底而换来长期家庭与经济的负荷。对患者来说身体少受折磨，离开人世时走得也有尊严。

长青
图书馆

· 《银发族的全人关顾》（*Complete Guide to Caring for Aging Loved One*），玛莉·艾利克斯等著，吴震环译，台湾基督教文艺出版社，2006年。
· 《最后十四堂星期二的课》（*Tuesdays with Morrie*），米奇·艾尔邦著，白裕承译，大块文化，2006年。
· 《谁在银闪闪的地方，等你》，简媜著，长江文艺出版社，2015年。

长青
行动场

· 请为你的长辈及自己签好医疗照护事前指示。

长青
电影院

· 《相约星期二》（*Tuesdays with Morrie*），美国影片，1999年。一位疲于奔命的体育解说员和新闻记者每日都陷入无止境的工作中拼命赚钱，却弄得身心疲惫。米奇不但忽略了他的女友，更忘记了当年初出校门时的热情和理想。直到某一天，米奇在电视中无意间看到自己大学时代的教授莫瑞·施瓦兹的电视采访。莫瑞教授在访谈中说出自己罹患“肌肉萎缩性侧索硬化症”，每天都挣扎在死亡的边缘，痛苦不堪。为了见上一面不久于人世的老师，米奇开始了每周二下午的最后十四堂课。本片荣获2000年第57届金球奖电视类——迷你剧/电视电影最佳男主角提名，第52届黄金时段艾美奖迷你剧/电视电影类——最佳电视电影等多项大奖。

长青
谈心园

1. 你对救治医疗与安宁疗护有什么看法？
2. 安宁疗护的目的是什么？
3. 什么是医疗照护事前指示（Advance Health Care Directive）？什么是《不复苏急救授权书》（DNR, Do Not Resuscitate）？
4. 你是否曾考虑人生最后阶段的医疗照护？是否曾告知家人或以文件明示？

见证分享

# 临终选择

李浪萍

“哦，时间到了？那我的时间到了！”当医生心情沉重地告诉他诊断结果，他却笑着轻松回答。

15年前，我和他面对临终选择，确切地说是他做了临终选择，而我只是给予尊重与接受。

远在南非的我，刚安顿好一个家，正准备他与女儿前来团聚。接到家庭医生的越洋电话，他是肺癌晚期并已扩散至脑部，我呆了，脑子一片空白，眼泪扑簌簌往下掉。我第一个念头便是立刻辞去工作，结束在南非的一切，赶紧回来与他相伴仅剩的日子。当我回到加拿大，医生告诉我估计他只剩下三个月的生命，而他做了不接受任何治疗的选择。我一点都不惊讶，那就是他，一个每天面带微笑，活在当下，并且过好每一天的人。

没有化疗、物理治疗的折磨，他一如往常面带微笑，处理一切认为在他走了之后我不易处理的事情。他将猎枪、钓鱼用具、滑雪装备等送给亲友，摄影暗房的全套冲洗设备捐赠给女儿就读的学校，去了几处经常办事的地方，向人们一一道别。

女儿七岁起参加女子冰上曲棍球队，六年来每星期的练习及比赛他不仅送她去溜冰场，还留下来观看和加油，队员的家长们都熟络得像个大家庭。当他告诉他们，几个月后他就不会再来了，并和他们道别，大家奇怪地问：“为什么？你们要搬家了吗？”他笑着说：“我会搬到那儿去了（手往上指了指），会在那上面为我们的球队加油。”他总是爱开玩笑，连生病也不例外。有时我埋怨他对死亡轻松地开玩笑不是很妥当，别人不知是真是假，不知道如何接受和反应，可真难为了人家。当他们发觉他真的是癌症晚期后，倒是他还得安慰别人一番。

面对他的坦然、幽默最不知所措的人，当数墓地销售员了。一天下午，当我们在购物中心闲逛走过一个摊位时，销售员向我们推销。他笑着告诉销售员说：“今天是你的幸运日！你可找对人了，很快我就可以用到你们的地了。要多少钱？哦，我只需要用一天啊——就用一次，那太贵了，我看我还是烧掉随便撒了算了，既不占地方又不用花钱，对不起，不能向你买了。”销售员张口结舌，不知说什么才好。销售员看着他瘦弱的身体，想真是日子不多了，但看他的表情态度，又有些怀疑是玩笑话。销售员用询问的眼光看着我，我笑笑点点头，销售员连忙道歉。他反而说：“不是你的错，不用道歉，是老板召见了。我倒要说声对不起，开你的玩笑啦！”销售员一脸惊愕，看着我俩笑呵呵地走开了。

我们在家平静生活了五个月，饮食如常，补品、药品一概没有。餐桌上他依然谈笑风生，从不怨天尤人，连悲伤我也没有察觉到。他抱歉不能再陪伴我，也不能看女儿长大成人，他说他相信我会坚强，好好地生活，女儿也一定会快乐成长。他告诉我，他此生无憾，非常感恩曾经拥有过的一切。他对我说：“我过了一个美好的人生，娶了你是我一生中最好的一桩事。”我永远不会忘记，并坚信这是他的真心话。

我催促他应尽早告诉亲人，他居然和他姐姐开玩笑说，谁先走就输一瓶冰酒。他在电话里是这样说的：“猜猜我得了什么？居然和你一样！”接着谈笑打赌。听他们谈笑的语气，你绝对不相信他们是在谈自身的癌症，这就是他接受癌症的态度。

来探望的每一位朋友看到我们坦然自在地一如往昔，倒觉得连一句安慰的话语都是多余的。他那接受生命即将结束的态度，让我和女儿对人生走向终点的恐惧减至最低。

三个月过去了，在医生的办公室里，我想背着他问问医生情况如何，还可期待多少日子。结果，他倒先开口问医生自己还有多少日子。我笑着打趣说："我本想偷偷地问，你怎么倒先问啦！"医生说："他的态度如此正面，我们可让他知道的。"转头对他说："你还有三个月的生命。"他两手一合笑着说："太好了，那么女儿生日我会在，但是，医生你等着看，我要活到我妻子的生日过了才走哦！"

两个月后，他陪女儿过了13岁生日，但他没能再等四个月，过他和我同月的生日。

他最后一个月的生命是在医院度过的。因医生要用吗啡止住那刻骨的疼痛，他常会语无伦次，但仍然不曾抱怨，清醒时还经常对让我待在医院陪他太无聊而表示歉疚。最后几天他已不能言语，眼睛再也无力睁开，戴上了氧气罩。那夜，我发觉最后一刻即将来到时，记起佛教朋友的叮嘱，不要在临终人身边大声哭泣，否则会让他不能安心平静地走。我搂抱着他，在他耳边轻声地说："你放心，你放心地走，我和女儿都会和你一样好好地生活，我们永远爱你。”我亲了亲他，他就咽下了最后一口气。当我将氧气罩拿开时，看到一些泪水集在他的鼻梁两侧。我知道他不舍。我一人静静地在他身旁陪伴他到天明。

那天，一个笑声连连的追悼会让很多中国人惊讶万分，他们从未见过如此欢乐气氛的葬礼。他的哥哥、姐姐上台讲述他顽皮的事迹，我请牧师念了《圣经》里《爱的真谛》来歌颂他实践了每一句话，我们庆祝他过了快乐的一生。他在病中为我制作了最后一批红酒和白酒，要给我留下足够的存货。我将几箱酒带到追悼会场，追悼会结束有个茶点聚会，我请每位来道别的朋友若愿意可带一瓶回去，分享他给我的爱心。有几位朋友至今仍保存着，纪念他。我准备了一瓶冰酒交给已行动艰难，在先生扶持下飞来参加追悼会，并坚持上台讲了几句笑话的姐姐。

临终选择，是对自己及家人一项重大又艰难的决定。我很幸运不用替患者做选择，更幸运的是，我的另一半对临终拥有豁达的态度。每个人迟早都会面临死亡，用什么样的态度来接受它是一门功课。我陪他走了人生最后一程，见证了他对死亡接受的过程与态度。我非常感谢他对我此生的爱与照顾，是他让我对生与死的领悟有了升华。

（本文原载于《世界日报》副刊，2012年9月21日）

见证分享

# 一个美国医生的临终选择

肯·默里[1]文，一盐译

多年前，一位德高望重的骨科医生，我的导师——查理，胃部长了个肿块，经手术探查证实是胰腺癌。主刀医生是国内同行中的佼佼者，刚好他发明了一种针对此类胰腺癌的手术流程，可以将患者生存率提高整整三倍，即从5%提高至15%。查理丝毫不为所动，第二天就出院回家，再没迈进医院一步。他将所有时间和精力都放在与家人相处上，非常快乐。

几个月后，他在家中去世。没有接受过化疗、放疗或手术，保险公司因此省了一大笔钱。人们通常很少想到，医生也是人，也会面临绝症、死亡。但医生的死法似乎和普通人不同。不同之处在于：同尽可能接受各种治疗相反，医生们几乎选择不接受治疗。他们知道病情将会如何演变，有哪些治疗方案可选，尽管有接受治疗的机会及能力，但他们选择说“不”。

“不”的意思并不是说医生们放弃生命。他们也想活着。对现代医学了解够深刻，他们很清楚医学的局限

1. 肯·默里（Ken Murray），美国南加州大学家庭医学科副教授。

性，他们也很明白人们最怕在痛苦和孤独中死去。他们会和家人探讨这个问题，以确定当那一天真正来到时，不会被施予抢救措施——心肺复苏和随之而来的肋骨断裂（即使正确的心肺复苏也可能导致肋骨断裂）。

几乎所有的医务人员在工作中都目睹过无效治疗。所谓“无效治疗”，指的是在奄奄一息的患者身上，采用一切最先进的技术来延续生命。患者气管被切开，插上导管，连接到机器上，并被不停地灌药。这种情景每天都在重症监护病房（ICU）上演，治疗费可达到一天10 000美元。这种折磨，是我们连在惩罚恐怖分子时都不会采取的手段。

我已经记不清有多少医生同事对我说过：“答应我，如果有一天我也变成这样，请你杀了我。”甚至有些同事专门在脖子上挂着“不要抢救”的小牌以避免这样的结局。我甚至还见过有人把这几个字文在身上。

有时家属所谓的“一切措施”的意思只是采取“一切合理的措施”，但医生们会尽力做“所有能做的事”，无论它是否合理。为什么医生在患者身上倾注了如此多的心血和治疗，却不愿意将其施予自身？答案很复杂，或者也可以说很简单，用三个词足以概括，那就是“患者”“医生”“体制”。我们先来看看患者所扮演的角色。

假设患者甲失去意识后被送进急诊室，通常情况下，在面对这类突发事件时，患者甲的家属们会面对一大堆突如其来的选择，变得无所适从。当医生询问是否同意采取一切可行的抢救措施时，家属们往往会立刻说“是”。

请注意！这是噩梦的开始。多数家属所谓的“一切措施”的意思只是采取“一切合理的措施”。但问题在于，他们有时可能并不了解什么是“合理”。医生在抢救时，他们会尽力做“所有能做的事”，不保证所有能做的事都“合理”！不难看出，知识的不足、家属错误的期待是导致糟糕、悲惨结局的主要原因。

少数医生用“有治疗，就有进账”的思路去做他们能做的事，更多医生只是单纯出于害怕诉讼，不得不进行各项治疗。问题在于，即使是医生本人也不想进行无效治疗，因为有制度和法律约束，也必须找到一种能无愧于患者和家属的方法。

假设急诊室里站满了面露悲伤，甚至歇斯底里并不懂医学的家属，这时想要建立相互的信任和信心，是非常困难的。如果医生建议不采取积极的治疗，家属很可能认为他是基于省事、省时间、省钱等原因才提出这个建议。有些医生能说会道，有些医生坚定不屈，无论如何，他们面对的压力一样大。当需要处理“临终治疗选择”一类事宜时，我会尽早把自己认为合理的方案列出（任何情况下均是如此）。一旦患者或家属提出不合理要求，我会用通俗易懂的语言将该要求可能会带来的不良后果解释清楚。很多时候医患双方只不过是这个推广“过度医疗”庞大系统中的受害者而已。

有研究发现，生活在临终护理所（安宁病房）濒临死亡的患者，比患有同样疾病但积极寻求治疗的患者活得更久。所以，那里的医生不会对自己过度治疗引以为咎，这种治疗的结局他们见得太多。几乎所有人都可以待在家里，就算是疼痛也可以得到更好的缓解，在宁静中离去。

同过度医疗相比，临终关怀更注重为患者提供舒适的环境，让患者有尊严，让他们安然度过最后的日子。很多年前，我的表哥生了一场病，后来查出是肺癌，并已扩散至脑部。我带着他去各种专家门诊，最后明白：像他这种情况，如果采用积极治疗的话，需要每周三到

五次去医院化疗，而即使这样他最多也只能活四个月，算是“积极寻求快捷死亡”。

最终，表哥决定拒绝任何治疗，仅仅服用防止脑水肿的药物，回家休养。我们在之后的八个月里共度了一段快乐时光，做了许多小时候爱做的事。最后他昏睡了三天，安静地走了。

表哥不是医生，但他明白自己想要的是生活的质量，而非生命的长度。假如死亡也有一种艺术形式，那它应该是有尊严地离世。我也清楚地向医生说明我的意愿：当死亡来临时，不要奋力抢救，我要安详地停止呼吸，就像导师查理和表哥一样。

（2012年）

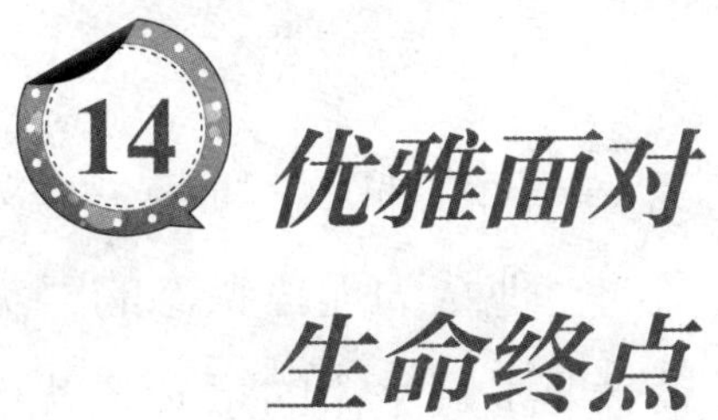

# 14 优雅面对生命终点

通常人过中年会因肉体逐渐衰老而迟钝、笨拙，感受到生命的无常。有些人会通过不同的人生分享与学习心得使心灵得到自我提升，进而促使心智更加强健、深沉，更具智慧，更懂得珍惜与把握生命的每一刻，并创造生命存在的价值。然而，有些人来不及享受剩余人生就走到生命尽头，就像生命列车的乘客，上车下车的地点不同，有早有晚，任何人皆无法预知何时到站。

## 积极正面看死亡

生死相依相随，而生死的首要课题是探讨生命与死亡的终极意义。为什么要活下去？活下去的意义究竟在哪里？为何生命如此短暂？为何再有意义的人生终究还是要结束？死亡又是什么？死亡能引人反省和体验生命的可贵吗？

当代精神医学与存在主义大师尔恩从不将死亡视为负面的。他认为死亡状态的察觉有助于提高生命的价值。如果想要了解生命的意义，就不能不考虑死亡的议题。拒绝接受死亡这一事实，生命将失去意义。一旦体会到人终将一死，知道没有无限的时间来完成计划，将会更加珍惜有限的时光。洞悉死亡的真实样貌，可以增加生命力和创造力。生与死并非对立的两个极端，而是相互依赖的。

丹麦存在主义思想家齐克果（Soren Aabye Kierkegaard）认为，当一个人感觉到自己的“存在”与“不存在”有无限可能的对抗时，焦虑就产生了。齐克果对一个人恐惧虚无、害怕自己变得一无所有进行了描述。“不存在”不只是躯体毁坏，还包括生病、倦怠、死亡等威胁。死亡极有可能是焦虑最普遍的形式与象征，“不存在”同样威胁着心理与精神。老年人时时感受到人生无意义，是因“自我存在”受到了威胁。

这些思想家主要是对老人对生命意义与死亡的态度所做的心理分析。人迈入老年后情绪复杂又不稳定，在面对生理衰老和所带来的疾病时，情绪上自然感受到压力。例如，当医生宣布某种疾病将严重影响健康状况和此后的生活质量，会让老人产生强烈的失落感。家人分离、丧亲以及人际关系的疏离，又会让老人不舍、难过，甚至陷入沮丧情绪中。

德国天主教神学家拉勒（Karl Rahner）提出，死亡其实存在于日常所做的每件事中，所有衰弱、疾病、失望的经验，都可说是一段段死亡的经历。老人发现生命中可掌握的事物一一失去，并且还要接受这些失去。到了老年，必须在“整合”与“绝望”之间获得平衡。假如在回顾生命时，相信自己能做好一切，自我生命经验产生了意义，并且能与家人、社会有更紧密的关系，就能在生活中正向发展和“整合”。若在回顾中有挫败的轨迹，当负面经验再度产生时，很可能引发“绝望”，而导致无法亲近他人，终将在孤独中死去。

老人是否能够合宜地处理“整合”与“绝望”之间的心理状态，取决于在每一个年龄阶段心理是否平衡。老人唯有认真面对死亡才能认真活在当下，进而体会每一次独特的生命经验与生命意义。

德国诗人赫塞（Hermann Hesse）用一首诗向世界道别：

再会吧！世界！
世界破碎了，我们曾经如此爱它。
现在我们对死亡已不再有太多惊惧。
不应该谩骂这个世界，它是如此多彩奔放，

古老的魔法依然环绕着它的图像飘扬。
怀着感恩从世界伟大的游戏之中分离；
它给我们乐趣与痛苦，也给我们许多爱。
再会吧！世界！
再度用年轻和光彩装扮你自己，
我们已经厌倦了你的幸福与哀叹。

这首诗看似凄凉，但也有它的美丽，不是吗？

## 终点之后的荣耀与盼望

德国天主教神父古伦（Anselm Grün）提出，唯有能够在死亡中看到意义和目标的人，才能以安然自在和感恩的态度来接受老年。若能做好调适与准备，那么年老时可依然保持活力，心理健康。

死亡并不是所有希望的终点，而是今生的终点，可看到永生的荣耀与盼望。“死亡只是终止了生命，但是没有终止关系。”

老年是丰收的季节，能借由信仰的佳美果实，给别人最大的祝福。确知死亡是进入永生的开始，勇敢面对死亡对别人会是多么大的鼓励。卢云神父（Fr. Henri J. M. Nouwen）说人之所以觉得死亡可怕，是因为他们认为死亡就是永远与人分离，必须放下儿孙，让他们孤独地生活，也因为他们自己得在孤单中离去。但是他鼓励每一个人以美好的心态离开人世。他一再声明，死亡不能隔绝爱。

人对死亡的恐惧感是缘于对死后去处的不确定，不知，不了解。一旦确信死亡就如同打开一扇门，从这个世界进入另一个并非陌生的世界。古伦神父认为，以人性的态度面对死亡是无可厚非的。

即使每个人对死亡多少都有想象，如有人想要在亲友的环绕中死去，并在意识清醒时留下遗言。事实上，无人能控制自己如何死去，因此必须学会放下想象或期望，顺服自然的安排。

通过“安宁照顾”运动，临终关怀再度受到重视。面临死亡也有如同面临悲伤的五个过程：震惊、愤怒、讨价还价、沮丧、接受。临终关怀是伴随临终者跨越死亡门槛的“天使”，可以为临终者安排家族式的道别仪式，用拥抱、祷告和祝福，使原本悲伤的时刻充满温馨。在这种仪式中，亲友们彼此祝福，向临终者表达爱与感谢。也可以问临终者是否还有重要的事交代，如财产的分配、遗嘱和医嘱的执行，或是信仰的传承等。亲友应用各种方式帮助临终者的内心充满感恩。

古伦神父也建议为自己规划告别式，如安排追思礼拜和殡葬等事宜。

笔者的表妹夫就在临终前的一个月里亲自为自己挑选墓地和照片，并亲自编排纪念册。他为爱妻和三个孩子各自留下爱的叮咛录音带，并录下将在追思礼拜上播放的谢词。多么令人感动！

家父过世时，童年的一个好友捎来一首诗，给悲伤的我莫大的安慰。我深信，有一天父亲将在天堂满面笑容拥我入怀。

## 给我所爱和爱我的人

（To Those I Love and Those Who Love Me）

佚　名

当我离开时，让我走吧，

我有那么多美好的事等着我去看，去做。

别用泪水系住你我，要为我们多年的幸福而欣慰。

我给你的爱，你或许只能臆度，

然而你给我的，却是无比的欢欣和快乐。

感谢你过去对我的关爱，现在是我独行的时候了。

生命持续向前，而我并没有走远，

只要一声呼唤，我就会出现在你身旁，

虽然看不见，摸不着，可是我就在你左右，

如果你倾听你的心跳，你将听到我炽热的爱包围着你。

如果有必要为我的离去而哀伤，哀伤一会儿即可，

然后让我们的互信来抚平你的痛楚。

有那么一天，当你也走上这条路时，

我将张开我的双臂，微笑向你说："欢迎回家！"

长青
图书馆

- 《相遇星期二》（*Tuesdays with Morrie*），米奇·艾尔邦著，白裕承译，大块文化出版社，2006年。
- 《墨瑞的最后一课》（*Letting Go: Reflections on Living While Dying*），墨瑞·史瓦兹著，阎蕙群译，双月书屋出版社，1998年。

长青
行动场

- 请思考并分享你所认为有意义的追思礼拜内容。

长青
电影院

- 《送行者——礼仪师的乐章》，日本影片，2008年。主角从礼仪师装扮往生者“走上来生旅途”的重要意义，学习饶恕，怀抱希望面对人生。

长青
谈心园

1. 请分享印象最深刻的一次亲人死亡的经验。
2. 你是怀着何种心情看待死亡的？
3. 请分享印象最深刻的一次追思礼拜。
4. 如何才能不惧怕死亡？

见证分享

## 他主持了自己的追思礼拜

吴莹瑛

“谢谢各位在百忙中抽空参加我的追思礼拜。”表妹夫微弱的声音传出来，即便在场亲友已在程序单上看见表妹夫将自己致谢词，此刻这微弱的声音依然震撼了每位与会者的内心。

在十分钟的录音里，他除了向亲友致谢，也感性地安慰83岁的老父，并谢谢父亲在最后两个月陪伴他度过许多漫长的不眠之夜。对妻子，他表达了难舍之情，并感谢她三年多来在他与癌症缠斗期间无怨无悔地付出，同时请求原谅自己所带来的痛苦。对儿女，他懊悔在健康的日子里没有花更多的时间陪伴他们。十秒钟的寂静后，表妹夫转而用轻松的语气请求大家不要悲伤，应当为他脱离病痛而欢欣，请大家一起唱诗歌《我已得胜》。表妹夫以美好的歌喉试着带大家一起唱，现场亲友也一边哽咽一边应和着。

15年前，表妹夫因肠胃不适入院检查，后诊断为胃癌Ⅲ期。开刀切除三分之二的胃后，再经化疗和电疗，居然奇迹般地痊愈，一直没有复发。直到三年前他因肠胃阻塞入院检查，才得知癌细胞已转移至结肠，开刀后又是一连串的化疗。由于受不了化疗之苦，而且癌细胞的扩散远比化疗的速度快得多，主治医师和表妹商量，决定以安适为主，停止化疗。

几年来，我们曾为过世的小姑及叔叔编辑纪念册，都是在葬礼后才仓促出刊。看着与病魔缠斗的表妹夫，知道时日无多，心中突发奇想，何不在他有生之年便将亲友的关怀与安慰付印成册，让表妹夫一息尚存时亲自阅读呢?

表妹夫完全支持此举，亲友们也热烈响应。文稿在两个月内涌入，篇篇感人，他流着泪逐篇细阅，感受大家的关爱。

他也亲自编排文章的次序，挑选最满意的照片放在首页。朋友用计算机将生活照编排在文章中，这本纪念册色彩缤纷，图文并茂，如同他精彩的生命。

在纪念册编排期间，我们经常到医院和他讨论，他总是神采奕奕地表达意见，身体的不适瞬间烟消云散。他感慨地说，没想到参与策划纪念册让他又活了过来。

后来表妹夫的病情每况愈下，胃丧失正常功能，连水也需要从胃管中及时吸出，否则就腹胀难忍，呕吐不止。即便如此，当亲友探访时，他仍然一边用药物止痛一边谈笑风生。但表妹透露，客人离去后，他总是累得呼呼大睡。今年4月，我们夫妇有事必须离开洛杉矶返回台湾，临行前去探望，他含着泪说，不知道能不能再见。

“你的求生意志很强，一定会等到我们十天后回来的。”我轻声安慰他。表妹夫说他已交代，在过世后的下个星期六举行追思礼拜，并和牧师讨论过仪式的程序、诗歌、圣经经节，以及祷告的人选。他要我们转达，请堂弟替他用最宝贝的数码相机在追思礼拜时做最后一次服务。

眼看他的活力逐渐消失，我们心里万分难受。我擦干眼泪建议：我们回台湾时把录音带给家人吧？他轻轻摇头，苦笑了一下。临走前我们再次鼓励他，想说什么就说什么，让感情自然流露就好。他有气无力地点头答应。

回到洛杉矶后再去探访表妹夫时，他高兴地炫耀成品，为父亲、妻子、三个小孩各录下他的感谢、鼓励、叮咛与忏悔，并为每人留下美好的歌声。他还说准备在追思礼拜上亲自致谢，并郑重地把录音带交给我们。

一般人在面对死亡时总是选择逃避，而表妹夫却勇敢面对。他曾说自己不再害怕，因为知道将往何处，也深知有朝一日会和挚爱的亲友在天堂见面。

表妹夫是得到上帝恩宠的有福之人。虽然历经病痛，上帝却给他充裕的时间聆听亲友们的心声，也向大家表达他的爱与感恩。他亲自安排追思礼拜，传达无价的信仰见证。他在今世的生命结束了，但留给至亲好友的感动与回忆，将会是盼望重聚的源头。

（2001年）

# 珍惜同根手足情，并肩共报父母恩

因为人口老化，成年子女及父母正面临着全新的家庭关系和挑战。父母越来越长寿，成年子女照顾父母年限达十年以上，尤其是患有慢性疾病的父母。若是兄弟姐妹间没有良好的沟通模式来商议照顾事宜，很可能引起争执，甚至造成关系破裂。

在原生家庭的成长过程中，兄弟姐妹都会因出生排行、父母重视疼爱的程度等产生或多或少的情绪不满。当建立新家庭后，这些感觉并不会自动消失。一旦必须与原生家庭成员一同照料父母时，隐藏多年的情绪便再度浮现。如何防患于未然，妥善因应，遂成为这个人生阶段中至关重要的课题。

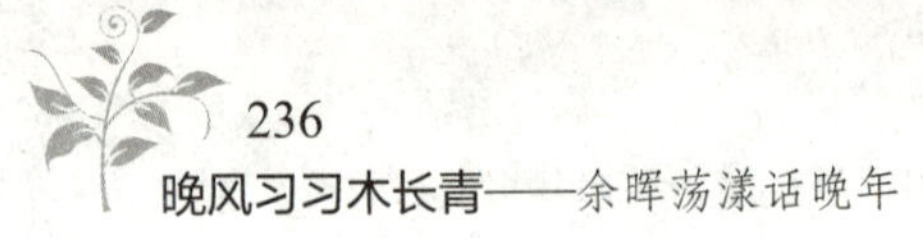


## 挑战当前，易生冲突

父母变老、生病、离世，是人生中最难面对的事情之一。兄弟姐妹也有各自调适情绪的方法，在这个过程中若不加以了解，加上原本的心结，更易引发冲突。可能的导火线议题如下。

### 导火线一：老年父母的照顾与医疗方向

照顾父母是件复杂的事。兄弟姐妹一起参与看护，当然可以减轻各人的担子。只是兹事体大，涉及身心灵负荷及生活形态的大调整，且可能一做十余年或更久，因此即使有好几位同胞手足，也甚少子女会一开始就自告奋勇地承担主要的照顾责任。一般来说，开始可能是住在父母附近或与父母关系密切的兄弟姐妹帮忙处理一些小事，但是没有察觉到已承担起照护者的角色。当父母需要更多协助时，才渐渐感到负荷不了，进而对手足产生不满。

坦然与其他兄弟姐妹及早沟通，往往能化解冲突，避免争吵。父母应与子女商定各自负责的范围，表达对彼此的期待，明确如何实施等细节。各位手足应清楚各自的任务，并怀着感恩的心彼此体谅，共同照顾父母。

要留意的是，兄弟姐妹可能还分别有扮演原生家庭中旧角色的倾向。例如，老大往往有“救世主情结”，自小受托照顾弟妹，如今仍赋予自己掌控全局的大任。而老幺或是较被动的弟妹，则被视为无助的孩子，凡事仍仰仗兄长。其实，兄弟姐妹应重新检视并定位自己的角色，在家庭会议中将父母的需求与自己的需求分开，将讨论的内容聚焦于具体议题上。

美国家庭照护者联盟（Family Caregiver Alliance）在《与兄弟姐妹一起照顾父母》一文中如此建议：

• 如果并非紧急情况，要让大家有充分的时间了解现状。兄弟姐妹家无论远近，在不同的时间，以不同的方式照顾年老父母是很自然的事。

• 分享信息。让医生、社工人员，或老人照护专家对父母的情况做专业评估，并把报告寄给所有兄弟姐妹。用电子邮件及在线照顾分享工具，或亲自参加家庭会议，让每个人及时得到最新的照顾信息。

• 交换情报。请记住，父母通常会告诉孩子与现状不符的事情，因此要与每个人保持沟通渠道畅通，分享父母健康的信息。

**导火线二：遗产分配**

淑玲身为家中长女，大学毕业后即留在娘家帮助打理祖传的事业，弟弟毕业后也回家专做外务，一家人其乐融融。不料淑玲的父亲过世之后，祖宅和事业成为母亲和他们姐弟的争执焦点，从此整个家鸡飞狗跳，乌烟瘴气。虽经长辈和亲友的调解，仍不能和解。最后女儿一纸诉状把自己的母亲告上法庭，从此母女反目，水火不容，姐弟也形同陌路。甚至一向被视为家族团聚的重头戏如过年、孙辈的婚礼等，都难以全数到齐，让母亲伤心欲绝。

其实，父母在步入老年前，就当尽早规划遗产，并请律师备妥文件，存放在保险柜或律师事务所。身为子女的要知道做决定的是父母，小辈只能坦然接受安排。如果拥有父母的法律授权委任状（The Power of Attorney）的子女，请务必妥善保存，并详细记录，同时将相关开支的银行报表传给兄弟姐妹。这看来像是额外的工作，但保留记录是法律所规定，况且记录公开可以减少不信任或扭曲事实的可能，避免法律诉讼。

兄弟姐妹中有人获得父母的授权，若此人不是你，请不要视为对你个人的攻击。尽力与获授权的兄弟姐妹合作，并记下开支明细。如果握有委任状的兄弟姐妹不合作，请让专家查明父母的需求并进行调解。若担心有人从中做假，遗嘱被篡改，或有人发挥不当影响，在美国可与当地成人保护服务处（Adult Protective Services）联络，在中国也可求助调解机构。切勿让遗产争执搞得家庭四分五裂，这是父母最不愿看到的一幕。

研究显示，大多数父母觉得需要对所有孩子一视同仁，公平分配财产。当他们选择以不公平的方式分配财物时，通常是因为担心某个孩子需要比较多的帮助。不论原因为何，请记住，做决定的是父母而不是子女。对兄弟姐妹发怒或感到失望之前，请好好想一想。他们是原生家庭的一分子，父母离开后手足关系会变得更加重要。

**导火线三：父母的告别式和葬礼方式的安排**

如果父母事先说明告别式的安排和葬礼方式，子女办事就容易得多。由于忌讳，少有人明言指示后事的处理细节。

## 扶老大事，群策群力

朋友纯娟在家排行老大，从小循规蹈矩，品学兼优，20世纪70年代随着丈夫来美。父母一直留在台湾，偶尔来美探望儿孙，她也经常返台省亲。几个弟妹分住世界不同角落，只有小弟留在台湾就职。

父亲得了慢性病后需要照顾，虽然妈妈监督帮佣，但她毕竟年纪大，常感力不从心，最后终于向儿女求助。五个孩子聚首商议该如何照顾老年父母，最后三个女儿自告奋勇轮流回台分担重任。由于弟弟在台北就职，平时无法分身返乡照顾，三姐妹虽旅居海外但都很愿意一年轮值四

个月，回台湾支持母亲、照顾父亲。

一年离家四个月是件不容易的事。纯娟不得不放下丈夫诊所的业务、儿女的起居生活和熟悉的环境。她也是个体贴的、疼爱妹妹的大姐，总是把暑热难耐的夏天留给自己。幸好丈夫总会抽出两个星期回台湾陪伴，加油打气，让她备感温馨。

大弟因是单身，时间安排比较自由。他很有孝心，当父亲仍能走动时，经常返乡带着父母四处去游玩，总是把父母的权益放在首位。去年父亲再度中风，弟妹们信任地对大姐说，全权做主吧！

这样合力照顾好几年之后，父亲回到天国，手足们虽有难舍之情，心中却没有一丝丝遗憾，并都保存了与父亲相处的美好回忆。大伙儿决定仍旧依照往例回来陪伴寡母。

纯娟依自身经历，对正在或即将与兄弟姐妹一同照顾父母者提出以下建言：

**建言一：完全信任**

应对致力照顾父母的兄弟姐妹给予百分之百的支持和信任，不妄加批评和指责。若有需要，要尽力帮助，若有不同的意见，一定要共同商讨，达成共识，避免伤害亲情。纯娟的母亲目睹亲友儿女失和后，告诫儿女：“你们五个若不能和平相处，而是相互残害，会是我一生最大的遗憾。”他们谨守母训才有今天。

**建言二：妥筹经费**

照顾父母的经费来源常导致兄弟姐妹不和。当今的父母当然不会有完全依赖儿女的观念，会及早为自己预备足够长期照护的经济来源，减少儿女经济上或照顾上的负担。若父母有经济上的困难，儿女们亦要共谋良策，而非互相推诿。

**建言三：尽力而为**

各人按自己的情况，以不同的方式照顾父母，尽心尽力就好。旅居澳大利亚的弟弟虽然没有与姐妹们轮班照顾父母，但他每个月都会抽出一周时间回台湾，带着父母游山玩水，并提供物质所需。平常的日子他一定用网络视频电话向父母请安。姐弟们感觉到他的孝心也全力配合。在纯娟的手足中，没有人计较谁做得多，谁做得少。

## 照顾父母时如何维系手足亲情?

要时常提醒自己，手足之情是上帝所赐，血缘是值得珍惜维护的情感。家庭照护者联盟分享了如下诀窍。

**诀窍一：接纳包容**

试着接受兄弟姐妹及父母的真实个性，而不是你期望他们表现出来的个性。没有什么是“应该有”的感觉。如果他们的感觉和你不一样，并不代表他们心存恶意。如此可获得更多的协助，减少冲突。

**诀窍二：不要把事情过度简化**

我们很容易认为自己完全正确而兄弟姐妹错得离谱，或是懒惰、不负责、不在乎等。每个人与父母的关系都不一样，所以回应也不可能一样。

**诀窍三：谋定而后动**

提出自己的要求之前应想清楚，到底想从兄弟姐妹那里获得什么。首先问自己是否真需要协助。许多照护者说他们需要协助，当别人伸出援手时却又拒绝，可能是需要他们定期做某些事情，或是偶尔让你自己放假休息一下，或是请他们分担医疗服务或喘息照护的费用。对于许多照护者来说，更重要的是情感支持。若你是照护者，当你觉得孤单时就请兄弟姐妹多关心，每个星期打一次电话问候。一声“谢谢”会带来不少欣慰。友善地指出他们应做而未做的事情可避免同样情况再度发生。

### 诀窍四：清楚有效地要求协助

若不开口求助，兄弟姐妹可能以为一切都处理得很好，而没有察觉到他们的责任。他们有自己的生活要过，有自己的问题要面对，所以并不见得能充分理解你的情况。此外，许多照护者以传送关于老人照顾难处的杂志文章等方式来暗示，往往效果不彰。明确提出合理的要求才有可能解决问题。请考虑兄弟姐妹与父母的关系，并根据他们的能力与实际情况提出要求。如果姐妹和妈妈相处十分钟就忍不住要对她吼叫，就不要让她花时间陪伴妈妈，可请她提供力所能及的协助，比如处理文件或帮忙买食品、杂货。

### 诀窍五：避免指责、控诉

请注意你要求协助的方式，不要让兄弟姐妹有罪恶感。罪恶感会让人不舒服，而且会变得有防御心。应注意语气与用词，避免在怒气中提出要求，兄弟姐妹可以听出你的情绪，反而以不合作的方式响应。

### 诀窍六：寻求专家协助

在父母刚开始需要全面生活协助这个最易情绪化的阶段，手足间沟通时难免反应过度、误解，甚至翻旧账。即使最健全的家庭也有必要寻求专家客观协助。

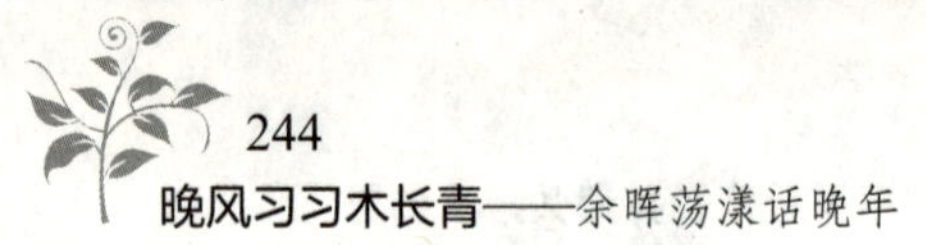


诚然，与兄弟姐妹一起照顾父母是困难、复杂且涉及情绪的大事。在此艰难的时刻，务必要了解自己的情绪，并试着对兄弟姐妹的感受以同理心来看待。最重要的是要直接、具体提出自己的需要，必要时请专家协助。毕竟，对父母尽心照顾，与兄弟姐妹和睦相处，不但可为儿女树立好榜样，在亲友间留下佳话，更是给父母最大的尊荣与欣慰。

· 家庭照护者联盟（Family Caregiver Alliance）

Address: 180 Montgomery Street, Suite 900 San Francisco, CA 94104

Tel: 415-434-3388, 800-445-8106

http://www.caregiver.org / E-mail: info@caregiver.org

此机构致力通过教育、服务、研究与倡导来改善照护者的生活质量。家庭照护者联盟通过其国家照顾中心提供最新的社会、公共政策与照顾议题的信息，并在研究、拟定照护者公开与私人计划上提供协助。对于大旧金山湾区的居民，家庭照护者联盟针对阿尔茨海默病、中风、脑部创伤、帕金森症及其他导致成人失能等疾病患者的照护者提供直接的支持服务。该机构已出版许多单篇文章，提供实用信息，简列如下：

· "Caregiving and Ambiguous Loss"（《信息不明对照护者的损失》）

· "Helping Families Make Every Day Care Choices"（《协助家庭做出日常照顾选择》）

http://caregiver.org/caregiver/jsp/content_node.jsp?nodeid=405

· "Holding a Family Meeting"（《如何召开家庭会议》）

http://caregiver.org/caregiver/jsp/content_node.jsp?nodeid=475

· "Taking Care of YOU: Self Care for Family Caregivers"（《照顾自己：家人照护者自我照顾》）

http://caregiver.org/caregiver/jsp/content_node.jsp?nodeid=847

· Eldercare Locator

Tel: 800-677-1116

http://www.eldercare.gov/eldercare.NET/Public/index.aspx

美国老人管理局的一项公共服务，可协助您与当地成人保护服务处，并与区域老人服务机构取得联系。

· Lots a Helping Hands

http://www.lotsahelpinghands.com

可协助您建立、组织及与家人、朋友和照护社群保持联系的网站。

· 《换我照顾你——如何珍爱老爸老妈》（*Loving Your Parents—When They Can No Longer Love You by Terry Hargrave*），泰瑞·哈格里夫著，游紫玲、游紫萍译，宇宙光出版社，台北，2011年。

长青
图书馆

**长青行动场**

· 请对主要负责照顾父母的兄弟或姐妹道谢。若你是主要照护者，请向他们致意，感激他们的支持与配合。

**长青电影院**

· 《史崔特先生的故事》（*The Straight Story*），美国影片，1999年。描述老人远道探视手足之旅的故事。
· 《夏日时光》（*Summer Hours*），法国影片，2008年。片中，三兄妹因母亲骤然离世而重新聚首，重新找回儿时的记忆，也发现生命的意义。
· 《萨维奇一家》（*The Savages*），美国影片，2007年。典型现代家庭里的中年兄妹，长年疏离，在猝不及防下必须一起照顾罹患阿尔茨海默病的父亲，两人不断争吵摩擦后，重整手足关系。当敞开心怀时，他俩领悟出并肩携手来照顾老父、面对未来才有真正的出路。

**长青谈心园**

1. 请分享你与兄弟姐妹在成长过程中的趣事或挑战。
2. 过去或目前你与手足如何分担照顾父母之责？曾遇到什么难处？怎样学习？
3. 你希望儿女如何照顾你？是否曾与儿女商讨细节？

见证分享

# 留下佳话，流露见证

吴莹瑛

2012年秋天，虽罹患阿尔茨海默病，但一向身体尚健康的妈妈，因肺炎造成肺塌陷无法自主呼吸，被送往加护病房插管急救。身为独子的弟弟急呼三位姐妹到二林召开紧急会议，针对妈妈鼻胃插管和气管插管的必要性做评估，并听取主治医生的意见。

那是个令我终生难忘的早晨，我们四人围绕在妈妈的病床前。我和弟弟因是头一次看到妈妈插着两管无奈地躺在床上，心如刀割，抱着妈妈痛失哭声，仰天向上帝求告："噢！不要！不要！求你现在就带她走吧！"弟弟声泪俱下地说："爸爸临终时把妈妈交给我，妈妈进入老年之后也千叮万嘱，一定让她有尊严地活着，若不能，就让她平安归天家，我相信爸爸不会同意让妈妈如此辛苦地活下去！"小妹和我也都同意弟弟的看法，但是住在医院附近的大妹和常驻医院身为外科医生的妹夫却坚决反对如此终止妈妈的生命。

四个年龄都已超过60岁的儿女，在病榻前坚持己见、争执不休达30分钟之久。此时在现场目睹此情此景的主治医生激动地表达他的意见：“各位的母亲不是植物人，她醒时会睁着眼睛四处观看，她是有意识的，你们没有一个人可以否定我的看法，于情于理，我下不了手，你们母亲的生命是操控在上帝手中，不是人所能控制的。你们若真要拔管，请马上帮她办理出院，你们带回家自己处理。”说毕，他转身离开病房，留下我们四人面面相觑，陷入沉思之中。

静默了数分钟，弟弟又说话了：“既然我们三个不站在照顾的岗位，就让大妹和妹夫全权做主吧，我们深信她虽然和我们意见不同，但他们是深爱妈妈的。”讨论到此结束。

此时，我们四人不约而同地手牵手，环绕在母亲身旁，并牵着母亲的手，出声恳求上天赐予力量和平安给妈妈和她的儿女，坚定我们的信心和爱心，带着我们全家人同心协力面对这艰难的时刻。

妈妈因为用鼻胃管喂食，她的体重在短短两个月增加了15磅，妈妈所有的器官（除了脑部之外）全部正常运转，比一般人健康。我们惊奇地发现，我们童年时期记忆中的妈妈又回来了，再也不像过去数年如非洲饥民般骨瘦如柴。

2013年初，旅居美国的三个孙子亲自带着他们的孩子（母亲从未谋面的曾孙）陆续来探望妈妈，曾孙们和曾祖母有良好的互动。女儿还用照相机捕捉了外孙用小手紧紧握住曾祖母之手的珍贵镜头。我们深信凡事都有定期，生有时，死有时，上帝的时间表永远不出错。妈妈虽然躺在床上，但上帝还是赐下额外的恩典，并通过妈妈修补了她四个孩子间濒临破碎的珍贵情谊。

妈妈奇迹般地活到了今天，她的这四个孩子在2013年春天再一次聚集在妈妈的病房内。但愿母亲带着一颗喜乐和平安的心等待回天家与父亲团聚的那一刻。

（2013年）

# 长青后花园

读罢全书，静默片刻，品茗独处，写下心得：

“长青图书馆”中收获最多的书籍______________

收获点______________

______________

______________

“长青电影院”中感动最深的影片______________

感动处______________

______________

______________

“长青谈心园”中深思最久的话题______________

为什么？______________

______________

______________

“长青行动场”中练习最勤的功课______________

怎么做？______________

______________

______________

我最爱秋天，因为秋叶泛黄，气度醇美，色彩富丽……金黄的艳色，道出了晚年的成熟和温蔼智慧。

——林语堂